テレビ人間万華鏡

有吉朝美 画・文
Ariyoshi Asami

石風社

はじめに

幼いときから私は図画工作が好きだった。黙って手を動かしておけばよかったからである。しかし国民学校（今の小学校）の頃、校庭で描いた私の風景画は、先生から「平凡だね」といわれて落胆した記憶がある。

似顔絵を描き始めたのは大学生時代である。講義続きで眠くなった時、ノートの裏に教授や級友の顔を描くことがあった。それがクラス雑誌の編集委員の目に止まり、同級生全員の顔を描くことになった。というのは、卒業記念号として全員の似顔絵つき寸評集を作ることになったからである。私は講義そっちのけで顔を描くのに熱中した。

やがて出来上がったガリ版摺りの「筍寸評録」（医者になる前はタケノコ）を見ると、業者が鉄筆で私の原画をなぞって謄写したため、微妙にタッチが変っていたが、概ね良く出来ていた。編集委員会から記念としてネクタイ一本を貰ったが、とても嬉しい贈り物であった。

卒業試験の真っ最中、私は五十歳の若さの父を失った。何とか九州大学を卒業させて貰ったのちインターンを終えて一九六〇年の春、泌尿器科医の道を選んだ。そして三年後、この私にも妻が来てくれ、引き続き二人の子宝に恵まれた。大学人、あるいは医師としての将来などに悩みながらも、無邪気な子供達の姿をマンガチックに描いてストレスを発散させる日々が続いていた。

一九七一年の秋、福岡大学の医学部新設の準備のため、四年間勤務した国立小倉病院を辞した。福大医学部は翌年スタートし、以後私は医学部と病院を軌道に乗せるために張りきって働いた。

一九八四年の秋、学生の一人が私に声をかけてきた。

「先生、何か絵はありませんか。文化祭をしますので」

「絵はないよ。ノートの切れっ端に描いた似顔絵くらいはあるけどね」

「アー、先生、それでいいです。ぜひお願いします」

私は学生の熱意にほだされて、ノートから似顔絵の数枚を切り取り、額に入れて出品した。その中の一枚がここに納めているジャイアンツの堀内である。

文化祭の当日、会場に行くと本格的な油絵や水彩画がずらりと並んでいた。私のノートの罫線付きの切り絵はひどく貧相であった。少しきちんと描いた絵でなくては申し訳ないと思い、学生実習用の小型スケッチブックを買い求めた。一枚にハガキサイズの絵が二コマ入る大きさである。テレビを観ながら描くにはこの程度のサイズでよい。

一九九〇年、福大筑紫病院に転勤した際、描き溜めた絵の中から六枚を選んで額に入れ、外来の待合室に飾った。患者さんに「お待たせしてごめんなさい」という気持からである。

私は長い間、泌尿器外科医として多くの手術に携わってきた。手術は理論に裏付けられたサイエンスである。しかし本質は職人のわざが百パーセントといっても過言でない。患者は一人一人異なっており、病気も個人差が大きい。手術は実施すればそれで終りではなく、その後の経過にも責任を負わなければならない。術後合併症が起った場合でも、あるいは後に病気が再発した場合でも、自分が責任を取る覚悟が必要である。

手術はいつも応用問題であり、臨機応変に進めなければならないが、同時に美しい手術にこだわる職人と思っている。なぜなら、誠意をこめて美しく行われた手術は結果的に安全性や確実性にも優れているからである。外からは見えなくても、なるべく美しく手術するのが医師の良心である。「国家の品格」の著者藤原正彦は数学者であるが、数学に必要なセンスは美意識だと主張している。私は医学医療にも、日常の生活においても、美的センスは不可欠だと信じている。そんな感覚を私に手解きしてくれたのは、国民学校の一、二年次の担任の先生ではなかろうか。

八幡市の書道大会に参加し、「よろひ　かぶと」と書いて出品したのであるが、上品な女性の先生は私に、「半紙を一杯に使い、元気よく書きなさい」と繰り返し教えてくれた。それが美しい書だというのである。

今から二千四百年も前、ソクラテスはこういっている。「大切なのは、ただ生きるということではなく、よく生きるということなのだ」と。さらに、「よく、というのは、美しくとか、正しくとかいうのと同じだ」と。人生は、ただ長生きという生命の量（quantity）よりも、心豊かに生きるという生命の質（quality）が大切だといっている。クォリティ・オブ・ライフ（ＱＯＬ）という考え方は当時からあったのである。

私が描いてきた人物は何らかの意味で世間の注目を浴びた人達である。私にも好き嫌いはあるが、人生では反面教師から学ぶところも大きい。金儲けのチャンスを逃さないのが紳士であるという市場原理主義者が多い世の中で、人々との触れ合いにこそ人生の最高の価値があると思うのである。その意味でテレビは居ながらにして万華鏡の如く多彩な人達に会える人間教室である。

テレビ人間万華鏡＊目次

VI　映画

Ⅰ　文学・宗教

——心に残る文学者、そして少数の宗教者を真っ先に置いた。日本人宗教家が寂聴さんだけになったのは、日本の宗教のあり方に問題があるのかもしれない。新渡戸稲造がいったように、日本人に深く染み透っている伝統伝来の魂を浮き彫りにしてくれる宗教家が出て来て欲しいように思われる。

日本の叙情文学

川端康成（一八九九～一九七二）

大阪出身の小説家。一九六一年文化勲章、一九六八年本邦初のノーベル文学賞。『伊豆の踊り子』、『千羽鶴』ほか、日本の美を叙情的に描いた名作が多い。「国境の長いトンネルを抜けると雪国であった……」という『雪国』の出だしは、徒然草や方丈記のそれに匹敵するものであろう。

川端作品は数多く映画化されており、青春時代の私も胸をときめかせたものである。岩下志麻が芸者駒子に扮した「雪国」（一九六五）、そして根上淳と有馬稲子が出演した「川のある下町の話」（一九五五）など印象深いものであった。

川端は幼少時に両親を結核で亡くし、十歳前後で祖父母や姉を失った。近親者の愛への渇望は、形を変えて文学となったのかもしれない。弟子のような三島由紀夫の割腹自殺で川端は喪失感に打ちのめされたであろう。そして創作意欲も無くしたのか二年後には三島の後を追うように自らも死を遂げた。

川端は国際的にも活躍し、一九五七年、国際ペンクラブ大会会長を務めたほか、世界平和アピール七人委員会にも参加している。彼のノーベル文学賞は、日本が経済ばかりではなく文化的にも優れている事を示すものとなり国民を喜ばせた。

川端康成
11/30/03

葉隠れの美学

三島由紀夫（一九二五～七〇）

『仮面の告白』、『金閣寺』などの名作を残しノーベル賞候補となった作家。受賞は川端に先を越され、四十五歳のとき市ケ谷の自衛隊駐屯地で割腹自殺をした。

ボディビルや剣道に励んだのは、虚弱な体とニヒリスティックな心との闘いではなかったか。インタビューの時、相手を圧倒するように凝視し、論理明快に話すのも自分の弱さの裏返しであったのかもしれない。

二十歳の時、強い夏の日のもとで天皇の終戦詔勅を聞いた三島の心にはいいようのない空白感が広がっていた。その後二十年、日本は経済的に豊かになったが、精神的な再建が行われていないことに彼は強い不満を持っていた。

「死ぬのも癌になるのも怖い。しかし自分の為だけに生きるのには卑しさを感じる。人間は大義のために生き、大義のために死ぬのである。『葉隠れ』にいうように人間は死に方を先に選ばなければならない。」

死の前年、アメリカでインタービューに答えていた三島は、自らナショナル・ガードのパイオニアになりたいと英語で明言していた。そして自衛隊駐屯地で檄文を読み、自分の人生の美学を終結させる手段としてサムライの死を選んだ。川端のノーベル賞受賞も一つの契機になったのだろうか。

「葉隠」
三島由紀夫
武士道といふは死ぬ事と見付けたり
11/30/03

この国の形

司馬遼太郎（一九二三〜九六）

数々の歴史作品を生みだした国民的作家。一九九三年文化勲章を受けた。何から読み始めたのか定かではないが、私は彼の作品の信奉者の一人である。高知の桂浜に緑青を吹いた坂本龍馬像が沖を見て佇んでいる。徳川末期に改革を目指す人達が現れ、それぞれ信念を持って活躍する。しかしいずれは明治維新という大きな時代の流れに呑み込まれてしまう。

日本の紙幣を飾ってきた偉人達も、もともとは洟《はな》たれ小僧であった。そして苦労の末に大事を成し遂げてゆく。司馬の小説は、その出来事が目の前で行われているように描かれている。会話やエピソードは創作だろうが、一つの歴史が活き活きと復活しており、その手腕は大したもんだ、というほかはない。

旅好きな私は、アメリカや台湾などに行ったり、国内では島原や鹿児島の沈壽官窯などを訪れたりしたが、司馬さんの旅行記に見られる文化や歴史への造詣の深さに驚くばかりである。

最近、内外とも末世を思わせる事件が続発しているが、「この国の形」について、司馬さんにご意見番になって頂きたいと思うのである。

司馬遼太郎
街道をゆく
3/10/96

春風秋雨　是人生

金田一春彦

（一九一三〜二〇〇四）

日本の言語研究と国語教育の第一人者。国語辞典の編集にも多く携わった。

金田一という珍しい姓を知ったのは、横溝正史の小説に登場する名探偵・金田一耕助が最初であり、よく似た名前の金田一京助は国語学者で春彦の実父である。

最近の日本語の乱れは著しい。「食べれる」「見れる」などのら抜き言葉、「こちらカツ丼になります」、「コーヒのほう、お持ちしました」、「すごいおいしい」、「全然いい」など耳障りな言葉が普通になった。さらに、クールビズだの、コンプライアンス順守などという変なカタカナ語を聞くと、「あなたは日本人か」と尋ねたくなる。まだまだ乱れはある。「破たん」、「覚せい剤」などのまぜ書きは、漢字が持つ固有の文化を否定することにつながるのではないか。

日本語は日本人の文化であり魂なのである。しかし金田一は、「言葉は乱れているものである、だから乱れていても良い」と、自然な変化を受入れる姿勢を示している。

米寿のとき春彦は座右の銘として「春風秋雨　是人生」と書いた。すべてを逆らわずに受入れよう、ということであろうか。

長年の功績に対して文化功労者、東京都名誉都民、勲三等旭日中綬章を受けた。

9/11/92 金田一春彦 79才
安西さんへのラブレター

探求心と行動力

開高　健

（一九三〇〜八九）

作家、ジャーナリスト、釣り師。と一言で括るには多彩過ぎる才能の持ち主。旺盛な探求心と行動力で南北アメリカ、アマゾンの秘境、アラスカ、カナダ、中国奥地、モンゴルなどを飛び回り、鋭い感性でレポートした。

三十四歳の時、朝日新聞社の臨時特派員として南ベトナム政府軍と起居を共にし、反政府ゲリラに襲われて九死に一生を得たが、壮烈な体験が彼の人生観に大きな影響を与えたようだ。

それは、精一杯生きること。無邪気に語り、素直に笑い、そして食や酒にも情熱を傾けた。惜しむらくは食道癌を患い、五十八歳の若さで豊かな才能を閉じることになった。

開高は熱心な釣り師としても知られている。趣味や楽しみというレベルではなく、この海この川をどんな魚が支配しているのか、それをいかに釣り上げるかにチャレンジする釣りのようであった。だから釣ったあとは再び水に魚を戻すキャッチアンドリリースの先駆者だった。

自然を探求し、自然を心から愛する人でもあった。

開高健　2/19/87

心の深奥の作家　大江健三郎（一九三五〜）

東大仏文科出身の作家で、一九九四年川端康成についで日本人二人目のノーベル文学賞を受賞した。受賞式で、大江は「あいまいな日本の私」という講演をした。曖昧とは漠然という意味ではなく、相反する二つの意味を持つということのようである。子は親に恩誼を感じながらも反発して育ってゆく、そんな錯綜した心の話である。

彼は少年時代にいじめられた体験があったようだ。そして、息子の光くん（一九六三〜）は脳に障害を持って生まれた。そんな深刻な体験が文学に反映したせいか、大江は希望の持てない青年の苦悩など、人間の暗い深奥を覗くような、分かりにくいけれども心に残る作品を書いている。

光くんは音楽や鳥の声に関心を示し始め、ピアノを習い、素晴らしい才能を開花させた。彼のピアノ曲は日本ゴールドディスク大賞を二度も受賞している。

無心に作曲をする光くん、それを優しく眺めている普通の父親。ほほえましいシーンであるが、これまでにどれ程の苦労があったのだろうか。二人の表情からは窺い知れないが、涙を流して悶え、ひたすら耐え、そして音楽の芽生えをきっかけに、明るい灯が見えてきたのであろう。そんな光景である。

70歳の父に
捧げるソナチネ
を作曲
大江光 41
大江健三郎 70
1/20/06

寂聴講話

瀬戸内寂聴（一九二二〜）

不倫小説家・瀬戸内晴美から天台宗の尼僧になり、権僧正にまで大変身した。「やは肌のあつき血潮にふれも見で、さびしからずや道を説く君」と詠んだ与謝野晶子、貧困に苦しみ「花の命は短くて苦しきことのみ多かりき」と謳った林芙美子などと共通する情熱が感じられる。

心の赴くまま体験した多くの恋から、男女の仲は平安時代でも今でも同じだとして「源氏物語」の現代語訳に情熱を傾けた。「小説を書くために夫も子供も振り捨てたんですから、絶対に小説家として認められなくちゃならなかったんです」という。

五十一歳のとき、今東光和尚のもとで得度し、仏教修業を続けながらも庶民との触合いを何よりも大切にしている。大人気の寂聴講話や人生相談では、ズバズバと依頼者の甘さを指摘するが、思いやりとユーモアに溢れており、人生は明るく過ごさなければならないという信念が庶民に勇気を与えている。二〇〇七年夏、右目が失明に近い状態になったが、作家活動は意欲的に続けるとのこと。

「私はネ、週に二回ビフテキを食べないと元気が出ないんでショ」という。

一九九七年に文化功労者、二〇〇六年文化勲章を受章した。

紫式部を語る
寂聴さん
7/6/93

隣の芝生

橋田寿賀子（一九二五〜）

「おしん」で世界的にヒットした脚本家、劇作家。

私がテレビで見たのは「隣の芝生」であった。嫁姑関係を描いたドラマだったが、多くの人が身に憶えのあるテーマであり面白かった。核家族化した世の中に相応しいテーマだったせいか、第八回テレビ大賞優秀番組賞を受賞している。

「ハルとナツ、届かなかった手紙」も北海道とブラジルに別離した姉妹の苦難の歴史を描き、見応えのある作品であった。息長く続いている「渡る世間は鬼ばかり」も、そうだそうだと市民の共鳴が得られるタイトルである。

橋田は人懐っこい丸顔で、そこらにいる陽気な隣のおばちゃんという雰囲気である。船の旅行が大好きであるが、理由はじっくり人間観察ができるからだという。

最新の随筆「夫婦はありがとう」を読んだが、生まれも育ちも異なる二人が仲良くやってゆくコツが書かれており、橋田さんも円満になったものだ、とほほえましく思ったことであった。

後輩を育てることにも熱心で、一九九二年、橋田文化財団を設立し、放送文化に関する創作活動を奨励し、新人の育成を行っている。

「隣の芝生」
橋田寿賀子
8/30/87

ローマ人の物語

塩野七生（一九三七〜）

古代ローマをライフワークとした作家。『ローマ人の物語』は二〇〇六年、第十五巻で完結した。数々の賞を受けており、イタリアから功労勲章を、そして二〇〇五年には紫綬褒章、二〇〇七年には文化功労賞を受賞している。

歴史を深く学んだ人は、当時の人間同士の紛争や栄枯盛衰から学んだ、世相を見る眼を持っている。

科学や知識は後世に累積されるが、赤ちゃんの人間性や叡知は、ゼロからのスタートである。人間は何千年経っても、我欲が中心という構造はなんら変わっていない。人間性の進歩は母親の子宮を通じて伝えられないのである。

しかし人間は動物と異なって過去から学ぶという智慧がある。ドイツ国民に信頼を寄せられていた大統領ワイゼッカーは、敗戦四十周年記念講演で、「自らの歴史に盲目なる者は、過去の過ちを繰り返す危険がある」と有名な演説をした。

最近の日本のイジメ、子供の殺人、そして拝金主義などは、戦後日本が豊かになり過ぎたことに伴って必然的に発生した副作用なのだ、と塩野はいう。

歴史家の視点から、積極的にあれこれ提言して貰いたい人である。

職業に貴賤はないが
生き方には貴賤がある
塩野七生
7/13/'00

透明に近いブルー　村上　龍（一九五二〜）

佐世保市出身の小説家、映画監督。

一九七六年に『限りなく透明に近いブルー』でデビュー。第十九回群像新人文学賞を受賞、二〇〇五年までに三百五十万部という大ベストセラーとなった。無気力な青年が性と麻薬に明け暮れる日常を描いた作品で、第七十五回芥川賞選考では賛否両論の大論争になったという。私は当初から好みではないので一顧だにしていない。しかしその後の村上の活躍を見ると、重厚な作品が多く、しかめっ面で厳しく時代を観察しており、それを文章に変えてゆく力量は非凡である。

彼の頭の中では日本の将来、家庭や教育のあり方、若人の進路など、いろんな思いが火花のように飛び交っているのであろう。

教育番組に出演した村上の発言に注目してみたが、さすが中年になったせいか、昔風の人間にも共鳴できる発言をしていた。

『十三歳のハローワーク』という彼の作品があるが、ティーンが始まるのは十三歳からであり、大人として社会活動へ参加するための準備を始める年齢である。今の子供たちには、法律よりも社会人としての倫理感をいかに教えるかが問われている。

国に頼るよりは個人が果す役割が大きくなった
自分に何ができるか
それを考えなくては
村上龍
1/1/04

星の王子さま　アントワーヌ・ド・サンテグジュペリ（一九〇〇〜四四）

難しい名前のフランス人作家の他愛ないお伽話と思って長年過ごしてきたが、本当は人間の絆についての深い意味が込められていたようだ。

王子さまは自分の星で、目が眩むほどあでやかな一輪のバラに愛を注いでいた。しかし、いつしか不信感を抱き、バラをひとりぼっちにして星を飛び出した。六つの星を遍歴してやって来たのが地球であった。

悲しい王子は子狐に「ボクと遊ぼうよ」といった。「まだ仲良しでないから遊べない」と断られた王子は、仲良しの意味を尋ね、辛抱強くなればよいことを教わって子狐と仲良しになった。そして、あの狐は、初めは他の十万匹の狐と変わらなかったが、友達になった今では、この世界に一匹しかいない大切な狐なんだ、ということに気が付いた。

別れの時が来たとき、子狐はこういった。

「心で見ないとよく見えないってことさ。肝心なことは目には見えないんだよ」

サン・テグジュペリは、熱愛した女性と別離し、また喜びの再会を果たした。しかし義務感から戦争にゆき死亡した。『星の王子さま』は彼の人生の詩なのであった。

心で見なければ見えて来ないってことさ！
肝腎なことは眼には見えないんだよ。
星の王子さま
サン
テグジュペリ
12/4/06

法王の懺悔

ヨハネ・パウロ二世（一九二〇～二〇〇五）

ポーランド出身の第二六四代ローマ教皇。

戦争反対、世界平和、東欧民主化への精神的支援など、ローマカトリックの総本山にありながらも、宗教宗派を超えた柔軟な思考と活動で高く評価される。

キリスト暦の大聖年を迎えた教皇は、三月十二日、これまでにキリスト教会が犯してきた多くの罪を認め、懺悔し、神の許しを乞う歴史的なミサを行なった。主な内容は、

一、キリスト教異端者への異端審問、異教徒への十字軍遠征に関する罪、

二、ユダヤ人、女性などを苦しめたこと、

三、アフリカや南米アメリカの先住民に対する人種差別、殺戮、支配などである。

日本人、東洋系、そして世界各地の先住民たちは、母なる自然を尊敬し、他民族とともに共存して暮らして来たのだが、唯一神との契約が基本となった民族は「降伏か死か」の二者択一を迫り、征服と支配を繰り返してきた。

何千年経ってもエゴ中心の人間性に進歩は認められないようだ。自分と異なる者たちとの共存共栄を目指す以外には、平和は永久に来ないだろう。

希望と喜びの二〇〇〇年にしたい
クリスマスミサ
ヨハネ・パウロ二世
12/25/99

大海の一滴

マザー・テレサ（一九一〇〜九七）

アルバニア人でカトリック修道女。カルカッタで始めた貧民救済活動は全世界の心を打ち、一九七九年ノーベル平和賞を受賞した。

人間誰しも奉仕活動をしたいという気持がどこかにある。しかし、人生のすべてを奉仕活動に捧げることは大変難しい。マザーは何の迷いもなくこれを実行した。

二〇〇三年撮影のマザーの伝記映画を見たが、オリビア・ハッセーがマザーの三十六歳から頬のこけた八十までを飾り気なく再現しており、映画館を出る時は心の汚れが洗い落とされたような気がした。

「この世で最大の不幸は戦争や貧困などではありません。人から見放されてしまい、自分は誰からも必要とされていないと感じる事が、最大の不幸なのです」

「愛の反対は憎しみではありません。無関心なのです」

「私たちのしていることは、一滴の水のようなものかもしれません。でも、その一滴の水が集まって大海となるのです」

私達凡人には大きな仕事はできないが、根気よく一滴ずつの仕事に努めることが何よりも大切なことを教えてくれた人である。

世づくりの第一歩は
身近な思いやりを
一つずつ実行すること

マザーテレサ（1910～1997）11/30/01

観音の化身 **ダライ・ラマ**（一九三五〜）

チベット仏教、第十四代最高指導者。ダライ・ラマはその称号で、ダライは大海、ラマは師を表す。本名テンジン・ギャッツォ。

チベット第一の都ラサは標高三六五〇メートルの高地にあり、観音菩薩が庶民の救済を始めた「仏神の聖地」である。ダライ・ラマ法王は観音さまの化身と考えられており、宗教と政治の指導者であった。しかし中国の侵略によって亡命したため、今は旧チベット政府の代表者の立場である。

幼少時の私は、福岡市にある東公園の日蓮像に頭の格好が似ているため、小日蓮と呼ばれていた。その後今日まで、妻と共に浄土宗にご縁が深く、お寺の本堂に坐ると何となく心が落ち着く。現世の世界的紛争を解くカギは、すべてを包容する仏教的思想であろう。

さて、初めて第十四代ダライ・ラマの姿に接したとき、彼の暖かいイメージと祖国の平和への願いが、チベット人の心の拠り所になっていることがよく分かる気がした。

般若心経を百万回唱えるよりは、「ダライ・ラマの般若心経」のＤＶＤで、現地の様子を理解する方が「空」の心を体感できるのではないだろうか。

一九八九年、人権と平和に関する貢献でノーベル平和賞を受賞した。

人間は自然の一部なのです
超能力などありません
ダライラマ師
4/6/95

Ⅱ 学問・医療

――いろんな学問や医療分野で、知性のある方々であるが、すべての基本は人間愛に行き着くようだ。この領域の人達は魅力的ではあるが、面白味に欠ける憾《うら》みがないでもない。しかし本当は、とても面白い領域なのである。

日本の知性

桑原武夫（一九〇四〜八八）

いわゆる文化人らしい文化人。フランス文学研究者で京大名誉教授、一九八七年に文化勲章を受章した。

自分の専門領域のみに留まらず、人文科学に関する広い学識と造詣、そして豊かな国際感覚で、日本文化の指導的役割を果たした。

少し斜に構え、透徹した目で物事の核心を洞察する力がある人である。桑原にインタビューをしたら、逆に質問者の心の奥底まで見抜かれてしまうだろう。

桑原は机に頬肘をついて思索する単なる学者ではない。同じ京大で二歳年長の今西錦司らと共に名の知られた登山家でもあり、一九五八年には京大山岳会の隊長としてパキスタンのチョゴリザ（七六六八m）の登頂に成功した。

世間を震撼させた評論に「第二芸術論・現代俳句について」がある。大家といわれる人の句に芸術性が感じられず、単なる言葉遊びに過ぎない、思想的にも社会的にも芸術家としての自覚がないと痛烈に批判した。

評論家の神髄というべき批判であり、歴史評論の司馬遼太郎などとともに、今なお生きて政府や国会議員へ厳しいご意見を頂きたい人である。

日本文化を見る眼
桑原武夫
4/11/88

医はヒューマニズム　日野原重明（一九一一〜）

聖路加国際病院名誉院長・理事長。山口県生まれ。京大を卒業して内科医となった。九十六歳になっても診療・講演・執筆を元気に続けており、海外を視察しては日本の医療界に提言している。一九九五年の地下鉄サリン事件では、聖路加病院を解放し被害者の救済に全力をあげたことでも知られる。

博士は若い頃から、臨床医学の祖と云われたオスラー博士の思想を日本に紹介し、医療はサイエンス、アート、そしてヒューマニティ（コンパッション）が必要であると説いている。アンチ・エイジングの為に設立された日本抗加齢学会でもシンボル役を務め、健康長寿のためには、運動と粗食が大切であると説く。食事量は一日わずか千三百キロカロリー、睡眠時間は四、五時間程度で、月に数度は徹夜で原稿を書く。彼のスケジュールは二、三年先まで予定が一杯だから死ねないと笑う。

若さを保つためには、新しいことへの挑戦も大切で、二〇〇〇年に「新老人運動」を始めている。日本を代表する臨床医・教育者として文化功労者、文化勲章をはじめ内外から数多く受章している。

自分のいのち
時間をどれだけ
ひとのために使えるか
日野原重明
90才
1/2/03

心の処方箋

河合隼雄

（一九二八〜二〇〇七）

ユング心理学の第一人者。京大勤務のあと、国際日本文化研究センター所長、第十六代文化庁長官を歴任した。霊長類学者の河合雅雄は隼雄の兄である。

はじめ京大理学部を卒業して数学の教諭になったが、生徒達の心の問題から心理学の必要性を痛感し、京大、UCLA、ユング研究所で研鑽を積んだ。

河合の著書は『こころの処方箋』、『昔話と日本人の心』、『日本人という病』、『働き盛りの心理学』など数多いが、いずれも一般人に分かり易く書かれている。

人間としての生き方、いろんな心のトラブルに対して、当事者といかに対話し、心を和ませてゆくかが課題といえよう。幾重にも複雑に取り巻く社会環境の中にあって、悩みのない人はいない。しかし、河合は揺れ動く弱い心に対して、共鳴者の立場を取り、暖かく理解してくれるのが嬉しい。彼の関西なまりを残した柔らかい語り口を聞いていると、いつの間にか緊張がほぐれるような気がしてくる。

表現の下手な日本人の心を理解するための「箱庭療法」を日本に紹介したことでも知られる。もう少し日本の心の代表として活躍して欲しかったが、惜しくも脳梗塞で死去した。一九九五年に紫綬褒章、二〇〇〇年には文化功労者の顕彰を受けた。

海幸山幸の話
河合隼雄
3/1/93

原爆能と免疫学　多田富雄（一九三四〜）

免疫学のパイオニア、能作者、文化功労賞受賞者。

人間は免疫の仕組みなしには生きてゆけない。多田氏は免疫がもつ生物学的な意義について、名著『免疫の意味論』を著した。一読して私は感嘆した。臓器移植、アレルギー、エイズ、老化などと免疫との関わりを読むと、氏が単なる科学者ではなく人間性を追い求めてきた人であることがよく分る。

その証拠に古典芸能の能の領域でも彼は広島被爆を主題にした「原爆忌」、脳死をテーマにした「無明の井」など人間性に深く関わる作品を作り続けている。

二〇〇一年、彼は脳梗塞に倒れ、右半身不随と発声不能になった。懸命にリハビリテーションを続けているテレビを見て人々は感銘し勇気を与えられた。

その氏を二〇〇六年、厚生労働省は見殺しにしようとした。改善が見込めないリハは百八十日で打ち切りの省令を出したのである。ドイツナチがユダヤ人や病者などは生きる価値がないと切り捨てた理論とどこが違うのだろうか。厚生とは国民の幸せを考えることであるが、医療費節減を最優先する母国の政策は何と情けないことか。

（追記　多くの批判を受けて一年後に姑息的なリハ改善策が取られた事を付記する。）

原爆の能を書く 多田富雄
71
後の世に語りつぐべし 過ちはくり返すまじ
12/4/05

アメリカ開拓史　猿谷　要（一九二三〜）

アメリカ史研究者。東京女子大名誉教授。現・駒沢女子大教授。

一九七九年から翌年にかけて、私ども一家はロサンゼルスに滞在し、本職の医学のほか、「駅馬車」の舞台となったモニュメント・バレーなどの大西部をよく旅行した。有り難かったのは、訪米に際して恩師坂本教授より贈られた猿谷要の『アメリカ大西部』である。当時の荒くれ男たちが、西へ西へと馬車を進め、熱砂の砂漠や厳冬のロッキー越えなど苦境を乗り越えてカリフォルニアに辿り付くまでの情景に思いを馳せながら、車を走らせることができた。私がかつての敵国に関心を抱いたのは、戦後知った豊かさと医学等の先進性である。口惜しいがアメリカから沢山学ばなければならない。

猿谷は戦時中、陸軍のパイロットとして米機と戦火を交えた経験もあり、敵国アメリカをもっと良く知りたいと思ったという。

猿谷は黒人や少数民族の歴史から入っていったが、彼の著作や講演は、開拓史だけでなく、社会や文化など深い知識に裏付けられている。アロハ・オエの作曲で知られるリリウオカラニを描いた『ハワイ王朝最後の女王』も、ハワイがアメリカに屈服せざるを得ない悲哀が伝わってくる読み物であった。

一発の銃弾とマッギル氏
猿谷 要
7/20/88

普賢岳噴火　**太田一也**（一九三五〜）

前・九州大学島原地震火山観測所長。

一泊二日の医局旅行で島原・雲仙温泉から帰ってきた翌日のこと、普賢岳の大火砕流でマスコミや地元消防関係者など四十三人が死亡するという大惨事が発生した。火砕流が黒煙を吹き上げて地上のすべてを焼き尽くす様子がテレビで放映された。地元の鐘ヶ江島原市長と太田地震火山観測所長は昼夜を問わず対応に追われ、再三の報道でお馴染みとなった。太田所長は火山学者としての冷静な判断のもとに解説や今後の見通しなどを述べていた。亡くなった方々、そして自宅や田畑を失った被災者への同情とともに、科学者としての口惜しさが彼の姿からよく窺われた。太田は一九九八年春、定年で退職したが、その後も郷里の島原に残り、長い噴火の歴史を持つ普賢岳の災害史をまとめるという。

大火砕流から十年が経った年の五月、妻と私は島原を訪れた。仁田峠からは荒々しい溶岩塊そのままの平成新山が凄い迫力で迫る。次いで大火砕流で廃虚となった深江地区へ行ってみた。たまたま焼け跡にいた初老の男性は十年前の苦い思い出を語ってくれた。全焼した大野木場小学校は無残な廃虚のまま記念として保存するという。

普賢岳 平成三年六月四日の思い出
九大 太田所長
5/95

アフガンに井戸を掘る

中村 哲（一九四六〜）

パキスタン、アフガニスタンで献身的奉仕活動を行っている医師。福岡市出身。九大で医学を学んだ中村は、一九八四年パキスタンのペシャワールに赴任し、近代社会とはほど遠い人達の救済に使命感を抱くようになった。ハンセン氏病に悩む人達、風土病、栄養失調などの救済活動を続けるとともに、未曾有の大旱魃に襲われたアフガニスタンの村々で、飲料水の確保と農地用灌漑のため、約千ヵ所もの井戸を掘り続けてきた。中村はいう。我々の仕事は氷河のようなもので、静止しているように見えるが、ゆっくりと巨大な山々を削るエネルギーを持っている。あらゆる立場を超えて存在する人間の良心を集めて氷河となし、困難を確実に打ち砕き、何かを築いてゆく者でありたいと。マザー・テレサに共通する粘り強い信念である。

中村はこれまで多くの表彰を受けており、二〇〇三年にはアジアのノーベル賞といわれるマグサイサイ賞（平和国際理解部門）を受賞した。しかし彼は、職員や一万二千人の支援者に贈られたものだと控え目である。そんな彼が、政府のテロ撲滅支援活動でペシャワールの反日感情が高まっていることから、「政府は何をすべきかではなく、何をしてはいけないか」を知るべきだと厳しく注文をつけている。

アフガンに井戸を
マグサイサイ賞
中村哲医師
56歳
4/2003

品格を説く　藤原正彦（一九四三〜）

『流れる星は生きている』の藤原てい。両親は『八甲田山死の彷徨』を書いた新田次郎と『流れる星は生きている』の藤原てい。『国家の品格』で一躍有名になった数学者、教育者、随筆家。

数学は理論オンリーと思っていた私は、藤原の『数学者の散歩道』で数学に必要なのは美意識であると主張しているのを知って、大いに共鳴した。医学・医療にも、そして日常の些細なことにも美意識は重要である。美しい手術、美しい手紙……考えただけでも素晴らしいではないか。日本古来の惻隠の情にも通じる感覚である。

数学者の岡潔は、教育の最大の目的は、情緒を美しくすることだ、と述べた。美意識を持つ人の言動は美しく品性を感じるものである。そして新渡戸稲造によれば、武士の教育で第一に必要とされたのは、その品性を高めることであった。

藤原のベストセラー『国家の品格』（二〇〇五）では、幼少時代に日本人としての心得をたたき込むことが大切だと説く。英語やコンピューターの学習は後回しでよい。国語教育が何よりも大切で、一に国語、二に国語、三、四がなくて五に算数。そして、屁理屈は必ず行き詰まるので、最も大切なのは情緒なのである、と嬉しいことをいう。つまり「悪いものは悪い」と子供に教え込めばよい。まったくその通りだ。

国家も人も品格が大切です
藤原正彦
5/20/06

哲学者の悲劇

バートランド・ラッセル（一八七二～一九七〇）

イギリスの論理学者、哲学者、数学者。一九五〇年ノーベル文学賞を受賞。若くて多感な大学生の頃、私はラッセルの『結婚と道徳』を読んだ。そして、人生二回結婚説に共鳴した。性欲がやたら強いが生活力のない二十歳の男性は、成熟した四十歳の女と結婚すればよい。そして生活力豊かな四十歳になったら、二十歳の若い女性と結婚すればよいという主旨である。

彼自身は自分の論理に従って奔放な女性関係を繰り返し、生涯四回の結婚をしている。しかし高齢になってからは、頼るべき身寄りから見放され、悲惨な晩年を過ごしたと伝えられている。偉人の考えは、必ずしも庶民の模範にならないことを教えてくれた事で、やはり偉人なのであろう。

米ソが水爆実験を繰り返す中で、一九五五年、世界の科学者十一人が集り、ラッセル・アインシュタイン宣言を決議した。「戦争で使用されるであろう核兵器は人類の存続を脅かすものである。あらゆる紛争は戦争によっては解決されず、平和的な手段を見出すように勧告する」という内容である。戦争は絶対悪であり、戦争は人類と共存できないとする湯川秀樹博士もこれに参加している。

九十七歳
バートランド ラッセル
1970没
Ariyoshi
5/23/98

原爆の父　ロバート・オッペンハイマー（一九〇四〜六七）

原爆の父と呼ばれた物理学者。第二次大戦の時、マンハッタン計画を推進し、広島・長崎に落とされた原爆を開発した。

戦後、原子爆弾を生みだしたことへの罪の意識にさいなまれ、その顔には長年悩み続け、苦しみ続けた人の暗い皺が年齢以上に刻みこまれていた。

マンハッタン計画とオッペンハイマーの半生を描いた映画「The Day After Trinity」によると、実際に使用することができない最終的な兵器を世界に示すことによって、戦争を回避しようとするのが原爆開発の目的であったが、当初の意図に反して日本に投下され、それも二回にわたって無辜の市民を多数殺戮したことに、ロバートの良心は引き裂かれたというのである。

彼は「われは死神なり。世界の破壊者なり」と、ヒンズー教の経典から引用して、自分自身をなぞらえていたという。

啄木に「われ若くして老いたり」と詠んだ歌がある。オッペンハイマーは良心の呵責に耐えきれず、早く老い、そして世を去っていったように思われる。彼は加害者なのだろうか、それとも被害者の一人なのだろうか。

原爆開発
オッペンハイマーの苦悩
42歳
12/12/99

ジャパン・アズ・ナンバーワン

エズラ・ヴォーゲル（一九三〇〜）

日本・中国の研究者で、ハーバード大学社会科学教授。

一九七九年の『ジャパン・アズ・ナンバーワン』は、戦後の復興に懸命であった日本人の心をくすぐり、勇気づける本であった。アメリカにも日本の真価を理解し高く評価する人がいるのかと、それまで引きずっていた敗戦の劣等感を払拭させる効果をもたらした。しかしヴォーゲルの真意は、人間性を無視してまで営利主義に傾くアメリカに、日本に学ぶべき教訓があると忠告したかったのであった。

少し調子に乗り過ぎた日本人はバブル景気で浮かれたあと、一九九〇年代の長引く不況で、第二次大戦での損失よりも大きい十兆ドルもの損失を出すことになった。中小企業は倒産し、庶民はゼロ金利で国家と銀行に搾取されたままの状態が続いている。

ヴォーゲルは、覇気のなくなった日本人に対し、続編として『それからどうなった』（二〇〇〇）を書いた。日本人は、明治維新、第二次大戦という二度にわたる難局を克服してきた美徳と才能を持っており、経済や教育の改革を進めれば、再び活路を開拓できる筈だと励ましてくれている。

外国人の評価に素直な日本人にとって実にありがたい応援者である。

Japan
as
No. 1
Prof. Vogel
8/24/90

難病の物理学者

スティーブン・ホーキング（一九四二〜）

イギリスの高名な宇宙物理学者。二十歳頃から筋萎縮性側索硬化症（ＡＬＳ）という難病を患っていることでも知られている。

この難病に罹ると運動神経が侵され、手足が動かなくなり呼吸困難になってゆく。大脳に障害はないため、病勢の悪化を自分で見詰めてゆかなければならない難病である。現在、原因も治療法もみつかっていない。

博士の凄いところは、四肢も表情筋も動かないのに超一流の頭脳をフル稼働し、しかも極めて冷静、客観的であることである。残された僅かな微動をコンピューターに伝え、宇宙の始まりからミクロの世界までの物理現象を一元的に解明するかたわら、社会に向かって積極的に発言している。驚くべきことである。

彼は物理学を極めようとしているが、生命の不可思議さや、宇宙の大いなる神について、その存在を信じているのではなかろうか。

彼はいう。「難病にも関わらず、素晴らしい家族に恵まれ、仕事にも成功することができた。病状の進行もゆっくりで私は幸運だった。そして、どんな状況でも、希望を失う必要はないことを学ぶことができた。」

物理学 ホーキング博士
地球年齢はもっと若いかも
しれない
12/30/95

不都合な真実

アルバート・ゴア（一九四八〜）

アメリカの政治家、環境運動家。二〇〇七年、ノーベル平和賞。クリントン政権で一九九三年から副大統領を三年間務めた。二〇〇〇年、大統領に立候補したが、ブッシュに敗北し、政界から離れた。その後は、地球の温暖化問題に熱心に取り組み、二〇〇七年に「不都合な真実」というドキュメンタリー映画を公開した。

この百年間に地球温度は〇・七四度上昇し、北極圏・南極大陸の氷が減少し、世界各地で豪雨、洪水、台風、ハリケーンなど異常気象が多発している。

私達夫婦は、一九七九年と一九九七年の二回、カナディアンロッキーを旅行したことがあるが、アサバスカ氷河を二度目に訪れたとき、氷河の最先端を示す立札の位置が毎年後退していることを知って、とても驚いたものだった。

最大のエネルギー消費国アメリカは一九九七年の京都議定書を離脱し、エゴの国であることを世界に宣伝した。しかし二〇〇七年のドイツサミットでは、やっと対策に乗り出す態度を見せている。その結果は、バイオ燃料になるというトウモロコシの値段が暴騰し、多くの国民を困らせている。

宇宙船地球号を救うためにも、ゴアさん、しっかり頑張って下さい。

地球の温暖化は急激に進んでいます
「不都合な真実」を直視して下さい。
アル・ゴア
2/3/07

Ⅲ　芸術・技能

——芸術といっても広い領域がある。それぞれ素晴らしさを持っている。また、特別の技能・技術を持っている人々もいる。この人達は、世の中に人間らしい価値や潤いを齎《もたら》し、私達を感嘆させてくれる方々である。

酒と朦朧体

横山大観（一八六八〜一九五八）

近代日本画の巨匠、水戸市出身。東京美術学校の一期生で菱田春草、下村観山は同級生である。一九六九年、第一回目の文化勲章を受章。

私の母教室である九大泌尿器科は酒をこよなく愛する人が多く、下戸の私は盃のやり取りに苦労した。従って、酒の銘柄には無関心な私ではあるが、「酔心」はいつの間にか記憶の引き出しに入っている酒の一つである。大観はご飯代りに酔心を毎日二升飲んだといわれ、意気投合した酔心山根本店の社長から、一生の飲み分を約束されている。お礼に大観は絵を毎年一枚ずつ寄贈し続けたという。

大観は、鮮やかな色のグラデーションで輪郭を表現する朦朧《もうろう》体と呼ばれるスタイルを生みだした。当初は激しい批判と拒絶に遭ったが、お決まりのように、欧米で高い評価を受けたあと大家の地位を確立するに至った。

私が敬愛する山口市の叔父は、私の教授昇進を祝って大観の「霊峰飛鶴」（一九五三）のレプリカを贈ってくれた。柔らかい瑞光を浴びて白雲のベールが棚引く霊峰富士を横切るように高く飛翔する一群の鶴がいる。平和と静寂、そして清らかさに満ちた理想郷を表しているようだ。

大観
9/10/'00

日本一の美術庭園

足立全康（一八九九〜一九九〇）

足立美術館は安来節《やすぎ》で有名な島根県安来市にあり、米子で開催された泌尿器科学会の時と、松江で開かれた癌治療学会の際に美術館を二度訪れた。初めのときは安来駅前から運行がまばらなバスに揺られて行った。どこで降りたらいいのか尋ねると、「運転手に止めてくれと言ったらどこでも止めてくれるよ」という返事だった。

足立美術館は、横山大観の絵のほか、北大路魯山人、河井寛次郎などの作品と、借景に山を取り入れた広大な日本庭園が見事である。

この美術館は、地元出身の実業家・足立全康が昭和四十五年にオープンしたもので、個人の設立としては倉敷の大原美術館と比肩される。

足立は裸一貫から事業を起こし、一代で大コレクションをつくりあげたが、その情熱たるや、並外れたものであったという。彼の特異な風貌からは、頑固で精力的な男だったことが窺われる。そして彼は、自らの戒名を「美術院高色庭園居士」と名付けたという。

米国の日本庭園専門誌のランキングでは、足立美術館庭園が日本で一位に評価されており、第二位はあの桂離宮である。

足立美術館
足立全康
90才
10/22/'89

芸術は爆発だ！

岡本太郎

（一九一一〜九六）

「芸術は爆発だ！」 強い意志を湛えた目が光る日本を代表する抽象画家。漫画家の岡本一平と、作家の岡本かの子を両親に持つ。ソルボンヌ大学で哲学・心理学・民族学を学ぶかたわら西洋美術の見聞を広げた。

「巧い、きれい、心地よい」のが良い芸術だという旧来の観念を打破し、岡本流の強烈な色彩と意表をつく構成に独特の個性を発揮した。

一九七〇年、大阪万博のシンボル「太陽の塔」で岡本太郎の名前が初めて私の脳裏に刻まれた。手を広げた埴輪を思わせる塔と、上下の特異な太陽の顔を写真で見たとき、万人の記憶に残るデザインだと感嘆したのである。後年、義兄が入院した千里の阪大微研病院を訪ねたとき、真っ先に思い出したのが岡本の太陽の塔であった。

最近、岡本の畢生の大作「明日の神話」がメキシコで発見された。ホテルの壁画に作られた壁画だが、縦五・五メートル、幅三〇メートルという巨大なものである。原爆の残酷さと、それを乗り越えることのできる人類の叡知を描いたものらしい。マドリッドで見たピカソのゲルニカに比肩できる作品のように思われる。是非本物を見て岡本の魂に触れたいものである。

岡本太郎
1/12/89

人生の道

東山魁夷

（一九〇八〜九九）

昭和期の日本画の巨匠、一九六九年、文化勲章を受章した。唐招提寺の御影堂の障壁画を依頼され、盲目の鑑真が観ることのできなかった日本の自然「山雲」と海の「濤声」を描いた。自然への畏敬が込められた「残照」や「白馬の森」など名作が多いが、私は一九五〇年の「道」が好きである。

一人の医師として働き、医学教育にも関わったせいか、私はいかに生きるかということに強い関心を持っている。平凡な人間は、長い人生の旅路でいくつかの分岐点に遭遇するが、ほとんどの人はどの選択肢を選んでも平凡な日々を過ごすと思うのである。平凡とはつまらない事か。そして偉いとはどんな事なのか。肩書き、地位、勲章、金儲け、いろいろあるだろう。しかし、地味だが世の中に必要な仕事を、心をこめて根気よく続ける人が本当に偉いのだと思う。

東山の「道」の意味するところは、地味な人生を過ごして来た人が、ふと振返ってみると立派な道ができていたのだと鑑賞したい。

自然の本質を追求し、自然への畏敬の念を描き出した人である。

東山魁夷
6/24/85
風景との出会い 才一回

新手一生　升田幸三（一九一八～九一）

広島三次《みよし》出身の将棋の鬼才。一九五七年、史上初の将棋三冠王（名人・九段・王将）となる。ぼさぼさ頭でヒゲを蓄え、着物姿でタバコをくゆらしながら、後輩であり好敵手でもあった大山康晴と対局していた姿が眼に浮かぶ。

高校を出て大学に入学したばかりの頃の私は、受験競争から解放され、碁・麻雀・将棋に熱中した。しかし夜中の天井に駒が見えて眠れないので一切の室内ゲームを止めた。だが、升田と大山の真剣勝負は大好きであった。どちらに贔屓したという訳でもない。しかし、慎重で守りの大山に対し、積極的な升田の攻撃将棋は、対局の様子をただ見るだけで迫力があった。

升田は大変なヘビースモーカーで、また酒豪でもあったせいか、体調が優れないことが多かったようだ。そのせいか、木村義雄、大山に次ぐ永世名人にはなれなかったが、将棋連盟から実力制第四代名人の称号を贈られたほか、引退後は後輩の新手や新戦法を表彰する「升田幸三賞」が設けられた。

紫綬褒章も受章した升田の言葉、

「ボクは肩書きとか勲章は欲しくない。死んで後世に残るのは対局棋譜だけだ」

升田幸三元名人
新手一生
4/18/91
73才逝去

落語の神様

古今亭志ん生

（五代目、一八九〇〜一九七三）

高座の姿そのものが落語の神髄を表しているような人。紫綬褒章、勲四等瑞宝章を受章した。本名は美濃部孝蔵。

徳川直参旗本の家系だったが、武士に商才はないため、志ん生も貧乏暮らしであった。十五歳のとき家を飛び出し、無頼の生活を送るうち落語の魅力に取り憑かれた。志ん生の天衣無縫な語りは巧拙を超越した面白さがあり、誰にも真似のできないものであった。

天衣無縫といえば、今どき信じられないようなエピソードも残している。ある日、酔っ払ったまま高座に上がった志ん生は、そのまま居眠りを始めてしまった。観客は怒るどころか粋なもので、「酔っ払った志ん生なんざ滅多に見られるもんじゃねえ」と、寝たままの志ん生を楽しそうに眺めていたという。

七十一歳の時、ジャイアンツ優勝祝賀会で公演中、脳溢血に倒れた。復帰してからは破天荒な芸風は失われたが、かえって飄々とした味わいに磨きがかかった。

志ん生の名言「貧乏はするもんじゃねえ、味わうもんだ」

そして川柳、

「柄のとれた包丁を持つ世話女房」、「焼きたての秋刀魚に客が来たつらさ」

本当の芸人とは 顔を見せるだけで銭らだよ
古今亭志ん生師匠を偲んで
NHK-TV
1/27/93

大喜利の名司会者

三遊亭圓楽

（五代目、一九三三〜）

「笑点」の名司会者で、本業は落語家である。かつてはいろんなテレビ番組に出演し、にこやかな笑みで「星の王子様」を自称していた。

圓楽の出題に対し、咄嗟に手を上げる歌丸、木久蔵、楽太郎たち。あれだけの面白い回答は、何も準備することなく生まれるものだろうか。そして、圓楽がさりげなく一言解説して笑いの意味を補足していたが、日本文化に関する彼の博識ぶりには驚かされたものであった。メンバーから馬づらをネタにされていたが、苦笑するものの、さらりと躱《かわ》すところが良かった。

圓楽は若い頃の腎炎のせいか六十五歳の頃から透析を続けている。週三回の通院は大変な苦労である。その上、七十二歳になって脳梗塞を患い、笑点の司会から降りた。歌丸があとを継いでいるが、圓楽の方がはるかに面白かった。

脳梗塞のあとリハビリを続けて復帰を図ったが、二〇〇七年二月の落語「芝浜」を最後に高座を降りる決意をした。「ろれつ」が廻らなくなったというのである。ファンとして圓楽の噺が聞かれないのは残念だが、人間には引き際というものがあり、彼の潔い引退を受け入れたい。これまで楽しませてくれたことを感謝しよう。

透析と脳梗塞を
乗り越える円楽さん
引退
4/30/07

話術の名人　桂　文珍（一九四八〜）

本職は落語家であるが、単なる芸人ではない。多彩な能力を持った文化人である。その証拠に彼は関西大学の文学部で非常勤講師を勤めたこともあった。

私は長いこと医学部の学生教育に携わったが、長時間の手術よりも学生講義の方がはるかに神経を消耗し疲労感を憶えた。というのは、学生たちが熱心に耳を傾けてくれないからである。反応の乏しい学生たちに対して、私は何をしているのだろうかと無力感に嘖《さいな》まれた。

医学部では生理学が必須科目である。何が自然な体の現象なのかを教える教科である。しかしカリキュラムは非生理的な詰め込み講義が圧倒的に多い。彼らはフォアグラの鵞鳥のように、高カロリー食を朝から晩まで詰め込まれている。到底消化できる筈がない。いつも満腹である。そんな講堂で、眼を輝かせている学生が一人でもいると、ホッとする。「よし、今日はあの子のために講義をしよう！」

私は文珍さんに、話し方のコツを習いたい。しかし待てよ、文珍さんが医学の講義をしたら、脱線ばかりで予定の五分の一も進まないだろう。

そんなことを考えながら講義をした時代が懐かしい。

桂文珍先生「お父さんの夏休み」
9/4/91

ゲゲゲの鬼太郎

水木しげる

（一九二二〜）

世界的な人気漫画「ゲゲゲの鬼太郎」の生みの親。

一九六五年、コミック誌に始まった鬼太郎は、やがてテレビにも登場し、絶大な人気を博した。幽霊族の末裔鬼太郎と父親の目玉おやじ、彼らを取り巻く妖怪たちのユーモラスな物語は、世代を超えて愛され続けている。

水木は太平洋戦争で左腕を失った。その不自由を乗り越え、人一倍の努力で名作を作り続けてきた。戦争体験を描いた迫真の作品も多いが、しだいに妖怪の研究にのめり込み、その功績で政府から紫綬褒章、勲四等旭日小綬章などを授与された。水木は早くから大家となった手塚治虫を尊敬しており、二〇〇三年、手塚治虫文化特別賞を貰ったときは、政府の表彰より喜んだという。

水木は八十二歳で『水木サンの幸福論――妖怪漫画家の回想』を著し、幸福になるためには、成功、栄誉など考えずに自分の好きなことをするがよいと述べている。そして、自然界に満ち満ちている目に見えない力を信じ、敬意を払って謙虚に生きるのだと主張する。彼の漫画に手抜きはない。正確な描写と几帳面なタッチに彼の人生が込められており、私の雑な絵など比較にならないレベルだと恐縮する次第である。

水木しげる
妖怪，ゲゲゲの鬼太郎
8/17/'92

放浪記千八百回　森　光子（一九二〇～）

日本のお母さんの地位を確立した名女優。本名、村上美津。

森は小学六年生の時、伯父の嵐寛寿郎の縁で映画に出演した。これが演劇界への登竜門だったという。私が幼少の頃あこがれた、強くて正義の隻《せき》眼剣士「鞍馬天狗」が森の伯父さんなのだ。

森は二〇〇五年、文化勲章を受章した。女優では山田五十鈴に次いで二人目である。二〇〇六年八月には、「放浪記」四十五年、千八百回の公演回数を記録した。私も博多座で森の「放浪記」を見たが、八十歳を越えている筈なのに、狭い舞台を下駄ばきで走ったり、でんぐり返しをしたり、元気一杯の演技で期待通りの熱演に感激した。

森は、美しい女性、好ましい女性、そして男達の憧れる母親の姿を演じ続けている。放浪記の演技のために毎日のスクワットを欠かさず、若さと体力を維持する努力には驚嘆する。

森は太平洋戦争のさ中、日本軍がシンガポールを陥落させ気勢が上がっているとき、軍が没収したディズニーの「ダンボ」や「ファンタジア」を見せて貰い、こんな奇麗な映画を作る国にはとても勝てないと思ったという。

放浪記
森光子
4/19/88

神々の座を撮る

白川義員（一九三五〜）

大自然の神秘に挑む前人未到の写真家。写真家として世界的に権威ある全米写真家協会最高賞を受賞した。日本の芸術大賞、紫綬褒章は当然過ぎる賞である。

彼の撮影した世界の名山の写真を見ると、曙光を浴びて紅や茜色に輝く峰々は、この世のものとは思えない。まさに神々の座である。西欧の一神教では自然は征服するものという発想があるが、それがいかに過ちで傲慢であるかがよく分る。

白川は、山々がもっとも崇高に輝く姿を捉えることに情熱を傾けている。早朝暗闇の中、過酷な条件に嫌がる飛行士にハッパをかけ、チャーター機を飛び立たせる。そして、夜明けの曙光が峰々のピークに当たり始める瞬間、重たいカメラを抱え、シャッターを押し続ける。気温零下十数度、気絶する程の低酸素の中、窓を開けてカメラを神に捧げるのである。

壮大な宇宙にあって芥子粒のように脆弱な地球、しかしそこには人間の力の及ばない神秘さがある。人間の弱さ、はかなさを知れば、小さな争いはもとより、国際間でも傲慢な振舞いはできる筈がない。白川はそんなメッセージを伝えることに生涯を懸けているようで、観る人々に感動を与えている。

南極大陸一周撮影
白川義員
8/15/93'

迫真の人形師　辻村壽三郎（一九三三〜）

人形作家、人形操作師。いつだったか福岡で「ジュサブロー人形展」を見て、人形たちの醸《かも》し出す妖艶な雰囲気に圧倒された。

縮緬状のやわらかな布で皮膚の質感が表現され、歴史上の人物の動きを見事に切り取って復元しているようである。複雑に縫い込まれた衣装は何となく古びており、人形たちの歴史さえ感じられる。黙って観ていると、人形たちが身の上話を語りかけてくるようである。

こんな人形を作る人はどんな生立ちなのだろうか。調べてみると、少年時代には芸者や華麗な着物に親しむ環境であったらしい。そののち洋服屋の修業をしたり演劇の小道具作りを手がけたりしたが、二十六歳になって人形創作に専念する決意をした。

一九七四年、ＮＨＫの連続人形ドラマ「新八犬伝」は圧巻であった。ジュサブローの作った人形たちは本物の役者よりもはるかに純粋に役柄と個性を表現していた。

一九九六年、日本橋人形町に念願の「ジュサブロー館」を作った。創作人形の展示だけでなく制作アトリエでもある。また福岡県の行橋では、改名した壽三郎さんとの約束で、二〇〇六年より人形教室が開かれている。

辻村じゅさぶろー
10/5/98

美味しんぼ　雁屋　哲（一九四一年〜）

『美味しんぼ』シリーズは初めて目に止まった時から注目していた。彼の主張が私の波長に共鳴したからである。

いつだったか一九八〇年頃の西日本新聞に載った雁屋の文章を引用しよう。

「私はタバコのみには取っておきのワインは出さない。なぜなら、タバコのみは味覚に色眼鏡をかけているようなものだ。本当の味はタバコのみには分からない」

大賛成である。

私もかつては愛煙家であったが、冬の朝、タバコをくゆらしながら玄関を出ると、手足が急速に冷えてゆくのを自覚した。ニコチンに反応して血管が収縮するためである。これは健康に良くない。そして、紆余曲折の末、十五年間続いた喫煙から決別できたのは三十五歳の時であった。タバコを止めてからは、特別なグルメの味ではなく、日常の飲食物の繊細な風味を楽しめるようになった。

わが家を巣立った子供たちの部屋を整理していると、本棚の奥に「美味しんぼ」シリーズがずらりと並んでいた。

因みに『美味しんぼ』は昭和六一年度の小学館漫画賞を受賞している。

おいしんぼ
雁屋哲
8/12/94

ブラックアングル　山藤章二（一九三七〜）

尊敬に値する能力と、それを発表する力を備えた人間観察者である。

人の顔を軽いタッチで描く絵を「似顔絵」というジャンル名でひと括りにされているが、私の心の奥底には不満が渦巻いている。それは、人物を描いた場合、それがポートレートであれ似顔絵であれ、ただ似ていれば良いというものではない、と堅く信じているからだ。

週刊朝日の最大の魅力である山藤の「ブラックアングル」は、名士に対する批評や揶揄が素晴らしいタッチで描かれており、一般市民の共感を得ている。

「さすがプロだ、とても敵わないナ！」と、打ちひしがれる。

「いいじゃないか。私はアマで楽しんでいるんだから」と呟いて自分を慰める。

私が考えている似顔絵については、どんな言い方が適切だろうか。

鳥羽僧正の代表作に「鳥獣戯画」というのがあるが、人の顔を描き、外見だけでなく内面までも捕らえたものは「人物戯画」とでも言うべきであろう。でも、最近は何でも横文字にしないと文化人的な香りがしない。ヒューマンカリカチュアと言ったら受入れて貰えるのだろうか。

人生長居は無用
山藤章二
3/5/03

将棋七冠王

羽生善治

（一九七〇～）

所沢出身。百七十二センチ、六十キロのスリムな体で、あらゆるプロ将棋のタイトルを総なめにした。将棋七冠王というが、人口に膾炙《かいしゃ》しているのは名人位で、ほかに、竜王、棋聖、王位、王座、棋王、王将などがある。羽生は二〇〇七年まで八十四回のタイトル戦に出場し、六十六期タイトルを保持した。中でも王座戦の十五連覇は驚異である。彼が強すぎるのか、周りが弱いのか。升田、大山と勝負させたらどちらが強いか大いに興味があるが、彼は大先輩達に敬意を表しているようだ。

羽生によれば、八百年の歴史を持つ将棋には、日本人らしい価値観が盛り込まれているという。彼の余技のチェス、あるいは中国将棋では、取った駒は使えない。敵を殲滅させる異民族・異教徒と同じである。しかし、日本では捕虜にした敵の駒を、味方として活かして使うことができる。「歩」で相手の「玉」を詰めてはいけないのは、日本人らしい革命の否定だという。私は乃木大将が敵の将軍ステッセルに礼を尽くしたのと同じ心だと思っていた。

彼は揮毫に、「将棋の道は奥深く遠い（玄遠）」と書いた。羽生はこれまでの功績に対し、都民文化栄誉賞、内閣総理大臣顕彰、将棋栄誉敢闘賞などを受賞している。

七冠王
将棋には魔力がある
「玄遠」
羽生名人
7/16/96

小さな狂言師　**野村裕基**（一九九九〜）

狂言師、二世野村万作の孫で、野村萬斎の長男。三歳で靫猿《うつぼざる》を演じ初舞台を踏んだ。NHKで「小さな狂言師誕生——野村萬斎・親子三代の初舞台」という番組があり、私は画面を食い入るように見た。あどけない子供が熱心に稽古を受けている。父親の指導の意味がよく分らないまま、戸惑いながら猿の役を精一杯演じようとしている、その姿に思わず目頭が熱くなった。

三歳になって初舞台を演じるのは祖父、父親に続き三代目で、しかも演目も同じである。日本の伝統芸能をわが子に伝えようとする厳しさと同時に、すぐれた血筋も大切なのであろうか。裕基くんの幼いながらも端正な顔立ちは、将来の大成を約束するもののようであった。

靫《うつぼ》とは筒状の矢入れで、これを猿皮巻きにしたい大名が、猿曳きの男に猿を譲れと脅す。猿曳きは猿に因果を含めて打ち殺そうとするが、無邪気な猿は猿曳きの杖を取って船の艪を押す芸をする。そのいじらしさを見て男は泣き出し、大名も哀れと思って命を助ける。猿のお礼の舞を見た大名は扇などの褒美を与え、自分も猿を真似して興ずるというストーリーであった。頑張れ裕基くん！

万作
萬斎
狂言三代
野村裕基くん 三歳
猿
11/21/03

ヴァーモントの四季

ターシャ・テューダー（一九一五〜）

ボストン生まれの自然を愛する園芸家。若い頃から愛情のこもった可愛い挿し絵を描き続け、数多く絵本を出版している。

アメリカ北東部のヴァーモントの広大な土地に、昔ながらの質素で自然な農家の暮しを営んでいる様子がテレビで紹介され、日本でも一躍有名人になった。

彼女の暮しにはわざとらしさがない。緑豊かな草木と四季折々の花々に囲まれたターシャは、毎日草花の手入れを欠かさない。庭の果実を摘んでジャムを作り、山羊の乳を搾り、慎ましやかな暮らしをしている。いつも足の短いコーギー犬が庭を走り回り、ターシャと一緒に生きていることの喜びを全身で表現している。

ターシャの生活は、コンクリートジャングルに住み、あくせくと時間に追い廻されている私達に、何が本当の幸せなのか、心豊かとはどんなことなのかを優しく教えてくれるのである。

「今がいちばん幸せよ」、「時間をかけて庭仕事するのは、それだけ愛情を注いでいるということ」、「庭仕事は体が疲れても心が満たされるので嬉しいのよ」

ターシャの言葉である。

ターシャ・テューダー 1915〜

故郷忘じ難く候　沈　壽官（第十四代、一九二六～）

司馬遼太郎の『故郷忘じ難く候』は、短い作品であるが、四百年前、朝鮮の陶工が九州に連行され、筆舌に尽くしがたい苦労をし、今の第十四代の沈壽官も幼少時に、ひどい差別を受けた話が遠い故郷への想いとともに描かれている。

二〇〇四年四月半ば、「遠い韓国からの血を引く陶工が、立派な仕事をされているのは、わが国にとっても名誉なことです」と指宿市の日韓首脳会談を終えた盧武鉉大統領は沈壽官窯を訪問し、感慨深げに沈壽官に語りかけた。

二〇〇六年秋、鹿児島市での会議のあと、妻と私は指宿、開聞岳を廻って苗代川のほとり、美山の沈壽官窯を訪ねた。幸い第十四代沈壽官に会うことができた。私達は司馬文学と焼き物に惹かれて福岡より訪れたことを告げた。

沈壽官は溶けるような笑顔で、「どうぞどうぞ」とお茶と黒砂糖を勧めながら、司馬遼太郎と意気投合した思い出を語ってくれた。さらに、韓国の田舎を探訪し陶芸の歴史を調べ上げた話を聴かせてくれた。

彼の穏やかな人間性に触れ、人との出会いの素晴らしさを実感した旅となった。

今、沈壽官は韓国名誉総領事の肩書きを持ち、日韓文化交流のシンボルである。

第十四代薩摩焼
沈寿官
阿蘇宮越後守ひろう
沙也加は雑賀のこと
10/30/92

美容のパイオニア

メイ牛山（一九一一～二〇〇七）

近代美容のパイオニア。美容に関心の薄い私も彼女の名前は知っていた。創立して八十年にもなるハリウッドビューティグループの代表を今なお矍鑠《かくしゃく》として務めている。

老後には健康と美容が必要で、日本中にキレイな老人が増えたら楽しいじゃないですかと説く。そして自ら実践した成果を日本の女性たちに示し続けている。

メイ牛山の確信を持った生き方を聞いていると、医学的にも納得できる内容で、信者が増えるだろうなと思われる。

メイ牛山は自然食を信奉し、水と酸素の多い生水・生野菜・果物を推奨しているが、本当の美容はそれだけでは駄目で、体を内部から整えることが大切だと説く。

「腸・心・肌から排泄する三大排泄が大切です。便秘をするようではいけません。食べた物はきれいに排泄し、体内をきれいにしましょう。気になる事もなるべく出して心をカラッとし、感謝の気持を持つことです。皮膚もよくお手入れして清潔にしなければなりません。この三つを排泄すれば、健康でいられるし、肌もきれいになり、人にも喜ばれますよ」

なるほど、そうだ、そうだ。

栄養を摂ることばかりが美容
ではありません。
腸・心・肌
三大排泄が
大事なのです
メイ牛山
94才
12/19/05

外人タレントの走り

フランソワーズ・モレシャン（一九二六？〜）

変な訛りがいつまでもとれないが、話の内容はいつ聞いても面白い。パリ生まれで一九五八年に来日し、テレビ時代の幕開けに乗って人気が上昇した外人タレントの走り。一時期、ＮＨＫでフランス語会話の講師をしたこともあり、シャネルの美容部長を務めた。フランス政府から日仏友好の勲章を二〇〇四年に受章した。

現職はとりあえずライフスタイルアドバイザー。インテリアや食器・宝石のデザインなども手がける。生活全般においてオシャレに気を配ると楽しい人生になると説く。贅沢は罪だと思っていた日本人の心を上手にくすぐり続けている。

何についても自分の意見を持っており、フランスとの比較をしながらズバズバとホンネを喋る。言葉だけでなく全身を楽しく観賞できる人である。

「ホンネを丁寧に伝えることは、相手を信頼しているショーコではないですか。タテマエばかりでは、相手に対してかえって失礼ですよ！」

なるほどそうだよネ、と相槌を打ちたくなる。

彼女が今一番大切にしたいのはユージョ（友情）。厳しさを増している現代では、信頼と友情が何より大切な生き甲斐だと主張する。

モレシャン
7/14/86

Ⅳ　音楽

――歌は世につれ、世は歌につれ。音楽はクラシック、ポピュラー、民謡を問わず、太古から人々と共にあった。音を楽しむのが音楽である。観賞するのも良し、自分で歌い、楽器を弾くのもよい。小鳥だって歌うではないか！

名曲の楽しみ

吉田秀和

（一九一二〜）

日本の代表的音楽評論家。ピアノの巨匠ホロビッツが初めて来日したとき、演奏を聴いた吉田は「ひびの入った骨董品」と酷評し音楽ファンの度肝を抜いた。文化功労賞、紫綬褒章など数多く受章している。

ＮＨＫのＦＭ番組「名曲の楽しみ」が始まると、少しかすれた声で「吉田秀和です。今朝はモーツアルトの……」と流れ来るのが楽しみで、やがて手にいれたカセットレコーダーで毎週のように録音したものである。長いこと吉田の声に親しんでいただけに、初めてテレビで拝顔した時には予想より厳格な感じで、ジョークが通じない人のような印象を受けた。

吉田は音楽好きの母親に触発されて音楽に没頭していたが、ふと気が付くと、ただ好きだけでは本当の理解はできないことに気づき、英独仏語などとともに西欧の歴史、文学、美術などの造詣を深めた。

彼の評論に奥深さを感じるのはそのような蘊蓄《うんちく》が熟成されて、音楽の印象として出てくるのであろう。幻の指揮者、斎藤秀雄とともに子供のための音楽教室を作り、小沢征爾、堤剛、中村紘子などの名手の育ての親でもある。

ホロビッツはひびの入った骨董に過ぎない

ヘブラーのモーファルトは
巧緻繊細を极めたレース
のような‥ 吉田秀和 7/8/07

世界のオザワ

小沢征爾（一九三五〜）

とても人懐っこい笑顔で人間的な暖かみが感じられる。しかし指揮の時の眼差しは鋭い。長いこと小沢の指揮をテレビで見ているが、グレイだった頭髪も近ごろ白さを増してきた。若い医師たちには〝心は形から〟と清潔に整髪して貰いたいのだが、音楽家のシンボルなのだろうか。でも、髪を短く切ったら手で掻き上げずに済むだろうし、洗髪も楽だろうに。

小沢が音楽好きになったのは母親から讃美歌を教わったためらしい。私も信者ではないが讃美歌合唱が好きでクリスマスキャロルを歌った青春が懐かしい。

彼は斎藤秀雄から指揮を学び、一九六一年バーンスタインに認められ、ニューヨーク・フィルの副指揮者になった。この頃から〝世界のオザワ〟として評価され始め、現在は本場のウィーンで国立歌劇場の音楽監督を務めている。

小沢は、作曲家は何を考えてこの曲を作ったのか意図や背景について思いを致し、聴衆にいかにその音楽を伝えるかを考えるという。そういう不断の努力が彼の音楽に滲み出るのであろう。

国境を超えた若手の指導にも熱心であり、真の国際人としての活躍を期待したい。

小沢征爾
11/19/'91

津軽三味線の父　高橋竹山（一九一〇〜九八）

テレビで竹山の津軽じょんがら節に惹かれた私は、福岡に竹山が来た時、切符を真っ先に買った。古風な和装を纏った竹山の演奏は、予想に違わず力強いながらも哀愁の籠った音色で、骨の奥まで響くようであった。合間に語ってくれたところによると、つい先日まで前立腺肥大症の手術で休んでいたのだという。病み上がりと思えない復活のバチさばきが嬉しそうであった。

竹山は「自分は三味線を弾いて、津軽の匂いを出したいのだ。その音を聴けば津軽が見えてくるような演奏をしたいのだ」と願っていたという。

七十六歳になって竹山はアメリカの七大都市で公演したが、「ニューヨーク・タイムズ」は「魂の探知器でもあるかのように聴衆の心を共鳴させてしまった」と彼の演奏を絶賛した。津軽三味線の魅力を内外に広めた功績で、点字毎日文化賞、勲四等瑞宝章などを受賞。

今、上妻宏光、吉田兄弟など若い奏者が次々に育ち、全国コンクールも開催されている。心あるアメリカ人は日本の長い歴史に敬意を表し、個有の文化を羨ましがっている。高橋竹山は、私たちが誇りに思う日本人の一人である。

高橋竹山
2/5没
2/15/'98

愛の讃歌　越路吹雪（一九二四〜八〇）

宝塚歌劇出身のシャンソンの女王。吹雪なんてよく考えてみると凄い名前であるが、私は初めから越路吹雪の人柄に魅せられたせいか名前に違和感を感じなかった。彼女のシャンソンは人生の哀歓に満ちていて私の心はいたく共鳴した。

私が西洋音楽を好きになったのは、高校時代、手作りラジオに初めてスイッチを入れたときに流れて来た「ウイーンの森の物語」からである。九大の医局員時代は研究室に泊まり込み、朝起きてみると昨夜かけたハイドンのトランペット協奏曲のＬＰが廻り続けていた事もあった。シャンソン、カンツォーネなどのほか、日本の津軽三味線なども好きである。音楽とは、音楽狂や講釈ではなく、要は音を楽しめば良いのである。越路吹雪のラジオ、テレビはいつも楽しんで聴いた。しかし今、私の一番の心残りは彼女のライブを聴くことが出来なかったことである。

「ラストダンスは私に」、「愛の讃歌」、「サン・トワ・マミー」、「誰もいない海」……今でも軽やかな越路の歌声が聞こえてくる。

「人生は思ったよりも短い。だから、悔いなく生きなきゃね。この命、燃え尽きるまで私は歌う！」

愛の讃歌
越路吹雪
3/23/95

天才歌姫

美空ひばり（一九三七〜八九）

ひばりが健在な頃、私は彼女をあまり好きになれなかった。自信満々の歌い方や「お嬢」と呼ばれて天狗になっているのではないか、と私のやっかみだったのである。

一九八七年、ひばりが福岡済生会病院に大腿骨の病気で入院したと聞いたとき、「アレッ」と親近感を感じて見直した。何で福岡なのだろうか。歌も医療も東京でなければならないのではないか。

ひばりが五十二歳で死んだときは、惜しい歌手を亡くしたと本気で思った。

その後今日に至るまで、テレビ局は「ひばり特集」をくり返している。テーマに困ったら、以前は忠臣蔵をやったら必ず当るといわれていたが、今はひばり特集が確実なヒット番組である。ひばりの歌を聞いていると、邪念が消えて素直になった私の心に響いてくる。

私のお気に入りの散歩コースは自宅近くの油山である。中腹に油山観音と呼ばれる臨済宗正覚寺がある。境内には「ひばり観音」という小さな祠があって、百円玉を入れると、彼女の歌声が音質の悪いスピーカーから流れてくる。

私は油山展望台から、しばし市街地や福岡ドーム、そして博多湾を眺めるのである。

美空ひばり
5/8/'88

スーダラ節　植木　等（一九二六～二〇〇七）

高度成長時代の代表的コメディアン。伊勢市出身、百六十五センチ。

僧侶の父親を持つ植木自身も僧侶になるつもりで東洋大国漢科を卒業したが、ジャズに傾倒しギタリストとなって谷啓のいるクレージーキャッツに参加した。

「スーイ、スーイ、スーダラッタ、スラスラスイスイスイ……」、爽やかな歌声と笑顔が目に浮かぶ。しかし彼が、スーダラ節の楽譜を最初見たとき、自分に無責任男の烙印が押されることを悩んだが、父親は「分かっちゃいるけど止められない」は人間の真理で親鸞の教えにも通じると励ました。その結果は一世を風靡する大ヒットとなり、何かにつけて悲観的になりやすい国民のストレスを軽減してくれた功績は実に大きい。植木のステージの巧さは、本格的な声楽の練習をした経験や、高校時代は陸上の選手だったという抜群の運動センスなどによるものであろう。

しだいに役柄が変化してきたが、植木の本当の姿は、自他共に認める「真面目男」であったという。晩年は肺気腫を患い、二〇〇六年、青山幸男の通夜に酸素吸入を付けて参列したのが最後の公の場となった。

彼の功績に対し、紫綬褒章、勲四等旭日小綬章が授与された。

本当はマジメな無責任男
植木等
8/9/91

酒と泪と男と女　河島英五（一九五二〜二〇〇一）

日本泌尿器科学会総会が一九九九年大阪で開催された。学会場に近い大阪城公園駅に入ろうとすると、背の高い男がギターを抱えて歌っている。見ると、河島英五ではないか。テレビにもよく登場しており、親近感を持って見ていた歌手である。一流の歌い手さんも、わざわざ駅前広場に出てきて歌っているのには少々驚くとともに感心させられた。

特徴のある顔は、医者の眼から見ると成長ホルモン過剰に関連したタイプかも知れない。しかし歌はうまい。最大のポイントは、聴衆の心が共鳴するものを持っている。コンサートホールでのフォーマルな演奏とは一味違った良さが、ストリートパフォーマンスにはあるようだ。急いで通り過ぎる人もあったが、多くは河島のナマの歌声に接して心の緊張が解きほぐされたような表情をしていた

この日はホテルのベッドに入り、心地よく耳に残っている「酒と泪と男と女」の残像を楽しんだ。

彼は残念ながら四十六歳という若さで吐血し、逝ってしまった。もっと活躍して欲しいお父さん歌手であった。

ビッグショー
河島英五
6/29/93

歌は世につれ世は歌につれ　阿久　悠
（一九三七〜二〇〇七）

数々のヒット曲の作詞家。本名は深田公之。悪友をもじったペンネームで五千に及ぶ作詞をし、森昌子、桜田淳子、山口百恵、岩崎宏美などのスター誕生にも貢献した。彼の作詞活動に対して、菊池寛賞、紫綬褒章などが授与された。

一九九二年の秋、私達夫婦は津軽半島を一周する機会があった。青森では棟方志功記念館などを廻ったあと青森港に立寄ってみた。青函トンネルの完成で連絡船は四年前に廃止されている。しかし港からは一艘の白い汽船がどこかへ向かっていた。

「上野発の夜行列車降りた時から、青森駅は雪の中……」思わず「津軽海峡冬景色」を口ずさんでいた。演歌や歌謡曲にはさほど興味のない私ではあるが、心に響く歌はいつの間にかインプットされているのである。「歌は世につれ、世は歌につれ」というが、人生の喜びや悲しみはいつも当時の歌と連動して想い出される。彼は庶民のそんな感情の代弁者として、共鳴を誘う名曲の数々を生みだした人情詩人である。

彼はわが郷土のダイエーホークス球団歌も作ってくれた。しかし二〇〇五年、ソフトバンクに移行してダイエー球団としての歌の役目も終った。彼は私の専門である尿管の癌を患っていたというが、誠に惜しまれてならない。

北へ帰る人の群は
誰も無口で
海鳴りだけが
阿久悠
8/7/07

青春のロマンチスト　小椋　佳（一九四四～）

銀行出身のフォーク作曲家、歌手。

昭和ひと桁生まれの私が聴いても馴染みやすい歌を作ってくれる。

ある時、病院の宴会で「シクラメンのかほり」の話を持ち出すと、「それは十年も前の歌ですよ」と若い看護師が教えてくれた。しかし何時作った歌であろうと、良いものは良いので、今口ずさんでもギターをつま弾いても構わない筈だ。

小椋は銀行をやめたあと東大文学部で哲学を学んでいる。戦後、奇跡の経済的復興をなしえた日本人達の単調な生きざまを見て、「どうやって生きたら良いのか」を見直したかったのだと云っているようだが。

彼の歌には誰もが実感できるような、青春の思い出を取り出して情感豊かな語りとし、爽やかなメロディを付けて私達に提供してくれる。美空ひばりが歌った「愛燦燦」なども、小椋の感性あって初めて作り得た歌であろう。彼のユーモア精神もほほ笑ましい。「燦燦という漢字はヒトタヌコメと書けばいいんですよ」と話していた。

数年前、胃がんの手術を受けたらしいが、元気そうである。これからも、中高年の男性に過ぎ去った若さとロマンを思い出させてほしいものだ。

"愛燦燦"
ヒトタ又コメ
と書くんですよ！
小椋
2/3/06

ラストエンペラー　坂本龍一（一九五二〜）

満州最後の皇帝、愛新覚羅溥儀を描いた「ラストエンペラー」は見ごたえのある映画であった。坂本はこのテーマ音楽を作曲しアカデミー賞を受賞しただけでなく、俳優としてもひと癖ある日本軍人甘粕正彦を演じ、ニヒルな雰囲気を漂わせていた。この映画がきっかけとなって私は坂本龍一には注目しているが、多彩な能力を持っている人らしい。何かしていてもそれだけに没頭しているとは思えない。音楽演奏で聴衆から注視されている時も、冷めた眼で逆に聴衆を観察しているように思われる。

最近買った沖縄ミュージックCDに坂本龍一が歌う安里屋ユンタがあった。期待して聞いてみたが、坂本の歌声はボソボソとして楽器の中に埋もれてしまっている。歌は沖縄のプロに任せた方が良かったのにと残念に思ったことであった。

一九六七年に溯るが、まだ米軍支配下にあった真夏の沖縄で私は三カ月間働いたことがある。その時、沖縄は悲惨な戦場であったことを実感するとともに、敗戦にもめげず回復した固有の文化にすっかり魅せられてしまった。とくに琉球ミュージックは心に染み込んでくるようで好きである。近年は毎年三月のお彼岸頃に南西諸島を訪れ、豊かな自然と文化の中に心身を浸すのを楽しみにしている。

西洋と東洋との中間の音楽を
坂东龍一
6/27/93

天才バイオリニスト　五嶋みどり（一九七一〜）

テレビで見たのは十五歳の頃だったろうか、天才少女という印象が私の頭に焼き付いている。幼さがまだ残っている小さな体で一心不乱にバイオリンに集中する姿を見たとき、一瞬感じたのは幼時から曲芸を強制されつづけた子供のようなある種の不安感であった。しかし流れ出る音色は解像度の高さと成熟した音楽性が感じられ、これは只者ではないと思ったことであった。

音楽会で私はバイオリンの弦が切れたのを見たことはないが、一本でも切れたらどうするんだろうと心配することがある。しかしみどりは十四歳のときのタングルウッド音楽祭でバーンスタイン指揮のコンチェルトのときに二度も弦を切ったが、そのつど楽団員からバイオリンを借りて演奏を続け大喝采を得たという逸話がある。

五嶋みどりのテレビは努めて見ているが、恵まれない社会への奉仕や未来を背負う子供達の教育などをいつも考え、それを実行に移していることが素晴らしい。

自分を磨くためにニューヨーク大学に入学し、二〇〇五年に心理学の修士号も取得したという。現在は成熟した女性となり、世界を股にかけて活躍をしている。

五嶋みどり
「カーネギーホール」ライブ
19歳
NHK-TV 6
4/17/'94

からたち日記　島倉千代子（一九三八〜）

昭和三十二年頃のある日のこと、第一外科の授業中、階段教室の最上段にいた私は、横にいた親友の滝口君に、島倉千代子の「からたち日記」を教えて貰ったことがある。滝口君は、私のノートの裏に歌詞を書き、教授に聞こえないよう小さな声で、一節ずつ歌って教えてくれた。私はそれを復唱しながら「からたち日記」を憶えていった。

「からたち、からたち、……からたーちの　はーなーがー……」

上品で、暖かい雰囲気を醸し出す島倉千代子には、男が甘えたくなるような母性愛が感じられ、安心して聴くことのできる歌手の一人である。その後も紅白歌合戦や歌謡番組で島倉を見るたびに、昔、大学の講義中に歌を習ったことを、懐かしく思い出している。ちなみに、滝口君は当時から尺八の名手であったし、今も現役で演奏や指導をしているようだ。私は昔、友人に誘われて参加した賛美歌の合唱がきっかけで、医学部合唱団に入ったが、卒業後は歌うチャンスはなくなってしまった。

島倉は五十五歳のとき初期乳がんがみつかり、無事に治療を乗り越えた。元気に歌い続けているが、声量に微妙な変化が感じられる。

「人生いろいろ」を小泉さんが国会でマネするとは思わなかった。

「二人のビッグショー」歌って四十年
島倉千代子
10/11/'93

幻の歌姫　ちあきなおみ（一九四七〜）

是非ともライブ演奏会に行ってみたかった歌手の一人である。

ちあきなおみは四十五歳のとき、愛する夫と死別した。以後一切の表舞台から姿を消してしまった。しかし、しっとりとした歌声は今なお鮮明に脳裏に残っている。

「いつものように　幕があき　恋の歌うたう私に
　届いた報せは　黒いふちどりがありました。
　あれは三年前　止めるあなた　駅に残し……」

彼女の代表歌「喝采」である。

あるとき、医学研究会で上京した私は、同僚と共に寅さんの柴又を訪ねた。そして矢切の渡しを渡った。ちあきの歌声が静かな波間に聞こえて来るようであった。

彼女の歌は、ポルトガルのファドと共通するものがある。来日したこともあるアマリア・ロドリゲスの歌は、意味が分らなくてもポルトガルの貧しい庶民の哀歓を伝え、心を打つものであった。聴く人々の心を共鳴させ、打ち震えさせる歌手、それが一流の芸術家というものであろう。

「ちあきなおみ」、幻の歌姫が復活してくれたら、と切に望む者の一人である。

「伝説の歌姫」朝日のあたる家
ちあき なおみ
2/16/07

下駄を鳴らして奴が来る

かまやつひろし（一九三九〜）

「下駄をならして奴がくる。腰に手ぬぐいぶらさげて……」

元スパイダーズの中心メンバーで「いつまでもどこまでも」などを歌っていた。不思議な雰囲気を持った男である。ピテカントロプス・エレクトゥスの雪だるまが溶けかかったような姿である。医師の眼から見ると、緒方洪庵の「扶氏医戒之略」に述べられた如く、医師はあらゆる階層の患者さんに快く受入れられる身嗜《みだしな》みが必要とされる。ムッシュはその対角線上にある身なりを呈しているが、歌にはいたく共鳴するものがある。彼の人間性によるものであろうか。

学生時代、それは私にとって九大医学部の六年間であり、懐かしい思い出が一杯である。六年に進級し臨床実習が始まって、本当の患者さんに触れるようになったとき、私たちは背広を着て通学するようになった。さらば学生服よ！

卒業間近なある日、私達のグループ十二名が相談をし、実習のない日に角帽に金ボタンの制服に身を固めて登校した。私たちはまだヒヨコであり、学びつつある学生なのだ。そんな心意気で気持が引き締まった思い出がある。ただし、下駄ではなく、みんな靴を履いて来たのであった。

下駄を鳴らして奴が来る…
かまやつひろし
7/5/98

ひばり二世　天童よしみ（一九五七〜）

美空ひばり二世といってもよい演歌歌手。和歌山県出身。

はじめ私は、天童の歌声を小耳に挟んだとき、美空ひばりが歌っているものとばかり思っていた。テレビを見るとコケシのように丸っこく、派手な着物が似合う歌手ではないか。「うまい！」と思った。

ひばりが健在で騒がれていた頃、天の邪鬼の私は、ひばりの番組や歌声に背を向ける方であった。しかしひばり亡きあと、素直になった私は、ひばりの歌唱力を極めて高く評価する者の一人である。天童の声は、ひばりを彷彿とさせる艶と深みがあり、思わず惹きつけられてしまう。

声といえば、数十年前は「鞍馬天狗」や「君の名は」などのラジオドラマが家庭での唯一の楽しみであった。どんな顔の声優なのか見たいものだと、秘かに美男美女を想像していたが、今はハイビジョンで、姿、形を至近距離で観賞できる有り難いご時世になったものである。

彼女の天性の明るいキャラクターとユーモラスな応答は、いつ見ても楽しい。暗い世の中に明かりを灯してくれる歌い手さんである。

川の流れのように…
天童よしみ
12/31/'05

神戸への祈り

ムスティスラフ・ロストロポーヴィッチ

（一九二七〜二〇〇七）

阪神淡路が大震災に襲われたのは一九九五年一月十七日、まだ薄暗い早朝のことであった。家屋倒壊は二十一万戸、六五万ヘクタールが焼失し、死者五千五百人、負傷者三万三千人を数える大惨事となった。私の次男が高校時代にお世話になった下宿も全壊し、年老いた女主人は避難先で亡くなった。

一月二十九日、小澤征爾指揮のコンサートが放映されたが、チェロのロストロポーヴィッチはアンコール前にこう語りかけた。

「阪神大震災で犠牲になった方々に、この演奏を捧げたいと思います。だから終わっても、拍手はせずに黙祷をして下さい」

やがて弾いたバッハのサラバンド（無伴奏チェロ組曲第二番ニ短調より）は、聴く人の心を打つ名演奏で、彼の追悼の気持がひしひしと伝わって来た。

大震災のあと、金髪茶髪の若い日本人が多数ボランティアとして被災者の救済や再建に奉仕をし、盗っ人は一人もなく、ボランティア元年と言われる素晴らしい活躍をした。フロリダやニューオリーンズではハリケーンの後、盗難・強奪などが横行したが、日本では伝統的な美しい心が脈々と受け継がれていることを示してくれた。

バッハ サラバンド
ロストロポーヴィッチ
神戸への祈り
1/29/95

ラ・カンパネラ

フジコ・ヘミング（一九三二〜）

一九九九年二月、NHKから「フジコ――あるピアニストの軌跡」が放映された。リストの「ラ・カンパネラ」ではコロラトゥーラソプラノのようなまろやかな演奏に引き込まれてしまった。後日、福岡で演奏会があり、迷うことなく聴きにいったが、会場は聴衆で一杯であった。演奏は期待した通り、豊かで力強く、フジコの人生と熟成した人柄が表れたもので、プログラムが終っても、感動の拍手は鳴り止まなかった。

フジコはバーンスタインにも高く評価されていたが、風邪のため聴力を失うという非運に見舞われている。現在は左耳が僅かに聞こえる程度らしいが、音楽家としての挫折感の大きさは察して余りがある。そしてその失意から立ち直ったフジコに深い敬意を憶えるものである。

フジコは演奏だけでなく、絵もうまい。明るい色彩と情感に満ちている。

「私の人生にとって一番大切なことは、小さな命に対する愛情や行為を最優先させること。自分より困っている誰かを助けたり、野良猫一匹でも救うために、人は命を授かっているのよ」

ラ・カンパネラ
Fujiko H.
11/10/'99

世紀を刻んだ歌

マルタ・クビショバ（一九四二〜）

二〇〇一年一月、ＮＨＫテレビ「世紀を刻んだ歌、ヘイ・ジュード」で、私は初めてクビショバという歌手を知った。一九六八年、チェコに突然侵入したソ連の圧政下にあって当時二十六歳のクビショバは、ビートルズの「ヘイ・ジュード」を自由と平和の歌詞で歌い、国民の精神的支柱となった。しかし当局に睨まれた彼女はビロード革命（一九八九）の解放まで苦難に満ちた日々を送ったという。

テレビ放映の前年、私は妻とともにプラハに留学中の清水夫妻を訪れたことがある。清水夫人は妻の姪である。幾つもの塔が聳える街にはアインシュタインやカフカの旧居があり、ブルタバ河をまたぐカレル橋にはザビエルの像がある。革命の場所だったバーツラフ広場は今は賑やかで明るさに満ちている。道ゆく人に配られるチラシは今夜のモーツアルトやベートーベンなどの演奏案内である。私たちは古い教会に入ってパイプオルガンの厳かな演奏を聴いた。

この絵にはクビショバのサインが左肩に入っている。清水氏が仕事で後日プラハを訪れたとき、わざわざ持参した私の絵に署名を貰ってくれたのである。清水氏に厚意を深謝し平和な日本に住むことをしみじみ有り難いと思ったことであった。

世紀を刻んだ歌
Hej, Jude
58歳
4/20/03
Marta Kubišová

メータ邸の桃

ズービン・メータ（一九三六〜）

インド出身の指揮者である。ロスでの私達一家の一年間は、現地に長く住んでいる山本さんに親身のお世話を戴いた。家探しに途方に暮れている私達に、快適な一軒の貸家を紹介して下さったのである。

それから親戚以上のお付き合いが始まった。まだ西も東も分からない私達に、適切な情報を教えてくれたり、いろんな所にも連れて行ってくれた。

ある時、ズービン・メータさんのお屋敷を見せてあげようといわれて驚いた。メータから万全の信頼のもとに屋敷の管理を任されたこともあったそうである。言葉に甘えて屋敷を見に行った。小高い広大な敷地にアドビ瓦の古びたスペイン風の屋敷があり、コバルト色のタイルを張りつめたプールもある。庭の木にはピンクに色づいた桃がたくさん実っている。一つを取って齧ってみると、甘酸っぱい果汁が口一杯に広がるのであった。

メータは白人でないところに親しみを感じる。顔を描いているうち、これ以上描くとかえってまずいと思ってやめた。最近では三大テノールのコンサートやウイーンフィルの新年コンサートなどのタクトも好評を博している。

1994. 7. 16.
三大テノール LA公演
ズービン・メータ 12/28/96

ピーター・ポール&マリー《ピーピーエム》（結成一九六一〜）

平成二年秋、私は福大筑紫病院に増設された泌尿器科に自ら望んで転勤した。だが、問題は一時間弱のマイカー通勤中、いかにイライラせず過ごすかである。そこで英語の歌を憶えることにした。かねてから好きだったブラザーズ・フォア、ピーター・ポール&マリー（PPM）のアメリカンフォークを選んだ。六年間の通勤で、私は彼らの発音とリズムを憶え、歌のレパートリーもかなり増えていった。

福岡に彼らが来たとき、本物に会いたくて聴きにいった。貫録のマリーは細身のピーターとポールを両脇に従え、パワー溢れる声で私の憶えた歌を歌ってくれた。主役は紛れもなくマリーであった。

二〇〇六年初夏、サンクトペテルブルクの音楽祭に行く機会があった。街を貫くネバ川の対岸に百二十五メートルの尖塔が聳える要塞がある。ペテロパブロフスク要塞という難しい名前である。憶えにくいが、キリスト教の使徒ペテロ、パウロの事である。そうすると、マリーはマリア様だし、PPMも要塞の名前も新約聖書からだと理解できた。

彼らは北朝鮮による日本人の拉致問題の解決を祈って、二〇〇七年に横田めぐみさんに因む「Megumi」という曲を作ってくれた。

Peter, Paul & Mary
11/24/90

ショービジネスの王者

サミー・デービス・ジュニア（一九二五〜一九九〇）

これぞ本当のエンターテイナーである。卓越した歌とタップダンス、そして物真似を交えた軽妙なトーク。頭の天辺から足の爪先まで人を楽しませるための細胞でできている。しかし皮一枚内側では人生の悲哀が秘められているようだ。それを隠し味にして百パーセント観衆の喜びに徹していたのが彼の真骨頂である。

幼少の頃からショービジネスの世界で育ったサミーは、ハーレム生れということから差別を受け続け、才能の開花は遅かった。しかも交通事故で左眼失明という悲劇が重なったが、救いの神はフランク・シナトラであった。「オーシャンと十一人の仲間」などに共演して以来、サミーは世界の人々に喝采をもって受入れられた。

サミーを讃える最後の公演がラスベガスで行われたとき、彼の衰えは誰の目にも明らかであった。喉頭癌を患っていたサミーは最後の力を振り絞って感謝の言葉を述べた。テレビを見ていた私も思わず目頭が熱くなった。やがて訪れた彼の死にラスベガスはいっせいにライトを消した。

今もサミーの歌声が耳に残っている。「Ev'ry Time We Say Goodbye」サミーの人生の哀歓がこめられているようである。

サミーデービス
ジュニア
3/5/89

マイウェイ

フランク・シナトラ（一九一五〜九八）

ロスで正月を迎えたとき、全米一華麗といわれるローズパレードを見に行った。早起きをしてパサデナまで車を飛ばし、民間の駐車場に何とか車をとめることができた。私たちは防寒具に身を固め、パレードがよく見えそうな道路の南側に陣取った。南カリフォルニアの空は真っ青だった。

パレードのプレジデント（委員長）はフランク・シナトラである。シナトラは「踊る大紐育」、「オーシャンと十一人の仲間」、「地上より永遠に」などの映画でお馴染だし、野生味あふれる歌声の「マイウェイ」も日本人に親しまれている。

カラフルな花をいっぱいに飾り付けたフロート（台車）に、何人もの美女たちがポーズを取って笑顔を振りまいている。全米各州を代表して飾り付けた数々のフロート、その間の音楽隊、騎馬隊、フラチームなどに興奮した。観客の拍手が大きくなり、プレジデントが現れた。シナトラらしい男がフロートの頂上に乗って手を振っている。私たちの直前に来たとき、彼は頭を向こう側に回してビル屋上の観客に手を振って、そのまま通り過ぎて行った。私達は彼の顔を見ることができず残念であった。

やっぱりシナトラは、勝手に「マイウェイ」を行ってしまった。

マイ・ウェイ
F・シナトラ
4/2/'94

スーパーテノール

ルチアーノ・パバロッティ（一九三五〜二〇〇七）

イタリアのテノール歌手、オペラ界のスーパースター。

ドミンゴ、カレラスと共に三大テノールコンサートを開き、誰もが知っている歌曲や民謡を数多く取り上げ、クラシックに縁遠い聴衆をも惹きつけてしまった。お馴染の「オーソレミオ」では、聴衆はパバロッティにカデンツァ風の引き伸ばしを期待し、彼もそれに応えて聴衆を満足させた。

個性的な髭もじゃの顔、そしてどこまでも伸びてゆく高音は、誰にも真似のできない輝きがある。ベネチアでゴンドラに乗ったとき、船頭が歌ってくれたカンツォーネは水路に朗々と反響し、さすがはイタリア人だと感心したが、パバロッティの響きはそのような民族性の権化かもしれない。

一九九九年七月「スーパーコンサート・イン福岡」に三人が来ると聞き、奮発してチケットを買った。しかしパバロッティは来ず、代りにダイアナ・ロスが来た。ハスキーな声をマイクで補っていたが、ドミンゴ、カレラスに挟まれて少し可哀想だった。二〇〇六年トリノオリンピックでのパバロッティの「トゥーランドット」より「誰も寝てはならぬ」の熱唱が思い出される。翌年秋、膵臓ガンで七十一歳の生涯を閉じた。

パバロッティ
7/16/94
LA
にて
12/28/96

わが心のジョージア

レイ・チャールズ（一九三〇〜）

眼が見えないという事は、大変なハンディキャップである。

黒い眼鏡のレイ・チャールズが、体をのけぞらせ、ゆらしながら「わが心のジョージア」を歌う映像を見たとき、黒人の魂が咽喉と指先から奔出しているような衝撃を受けた。「ソウルの神様」レイ・チャールズのほか、ピアノの梯剛之、テノールの新垣勉、津軽三味線の高橋竹山、片手のピアニスト館野泉など、まさに尊敬に値する人物たちである。

視力が不自由であれば他の感覚が鋭くなって不自由を補うらしい。集中力が高まって、驚異的な能力を発揮するともいう。しかしそれは、血と汗の滲む努力の積み重ねがあったからに違いない。そのエネルギーの源泉は、音楽が持つ自己表現の魅力なのであろうか。「風と共に去りぬ」や「アーサー・キング・ジュニア牧師」で有名なジョージア州アトランタを訪れたとき、アメリカという国は昔は奴隷だった黒人たちの悲哀を今なお引きずっているように感じられた。

五体満足で生活している私たち多くの人が、不平不満に満ちているのは、本当は贅沢なのであろう。

レイチャールズ
4/6/89

反戦の歌姫　ジョーン・バエズ（一九四一〜）

彼女がドンナ人なのか知らないまま、私は「ドナドナドンナ」や「朝日の当る家」などの歌は好きだった。何か心に訴えるものを感じていたが、歌詞にまったく無頓着だったのである。自分が歌うためには歌詞を知らなければならない、と思って市販のカセットに付いている歌詞をよく読んでみると心を打つものが多い。

ドナドナは売られて行く子牛の物悲しさを歌った歌である。子牛は人に曳かれ、黙って歩いているが、いずれ屠殺されて食べられる運命にあるのだ。それを分っているのか分からないのか、ただ黙々と歩いている。どこかの国の人たちも、誤ったリーダーに引っ張られて破滅の道を歩いているのではないのか。

バエズはしだいに反戦歌を歌うようになった。「雨を汚したのは誰」で原爆を非難し、「風に吹かれて」では、戦争が続く今、平和が来るのは風次第と歌っている。豊かな表現力を持つジョーン・バエズの歌声は、いつも心に響いて来るのである。

一九九七年、ニューヨークを訪れた妻と私は、自由の女神の島へ行くつもりでフェリーに乗ったが、間違えてスタッテン島行きに乗った。

バエズはこの島の出身だという。そして二〇〇一年九月十一日、世界を震撼させたテロで世界貿易センタービルが倒壊し、大量の瓦礫はスタッテン島に廃棄された。

反戦歌手
ジョーン バエズ
48歳
10/20/'90

新シルクロード　ヨーヨー・マ（一九五五〜）

国際的に活躍しているチェリストで台湾系アメリカ人。本名は馬友友と書く。だから台湾や日本ではマ・ヨーヨーである。コンサートの切符は高くてもすぐに売り切れる。音楽愛好家は彼の音楽に満足しプライドが満たされるのであろう。本人はともかく取り巻きのプロダクションの連中などが儲け過ぎているのではないか。

ヨーヨー・マという名前は響きがよい。彼の風貌も丸い顔、度の強いメガネ、そして細い眼を閉じて、自分の演奏に没頭している雰囲気がよい。つい私たちも引き込まれてしまう。そんな才能を持っているのも彼が愛される理由であろう。

ヨーヨー・マは二〇〇五年のＮＨＫスペシャル企画「新シルクロード」の作曲を委託された。エキゾチックな西域の歴史に相応しい音を求めて仲間たちと一緒に張りきって作曲している様子が放映された。

母は声楽家で父は指揮者兼作曲家。ヨーヨー・マはジュリアード音楽院で学んだが、「もう君には教えることはない」といわれたというエピソードがある。昔、剣豪がお師匠さんから免許皆伝を授かり、あとは自力で心技体を磨いてゆくのに通じるようだ。年輪を重ねる毎にますます深みが増してくるだろう。

ヨーヨーマ
2/14/'93

V スポーツ

——運動競技は動物としての本能を人間の智慧でルール化した力比べといってよい。日本古来のものは武道であり、華道・茶道などとともに人間修養の道でもあった。体力差を、技と精神修養で克服するパターンは、西洋化の波に押されつつある。しかしガムを噛みながらのスポーツは嫌いである。

武士道の権化　山下泰裕（一九五七〜）

史上最強の柔道家であろう。柔和な人懐こい顔に強さを秘めた武士道の権化である。一九八四年のロサンゼルス・オリンピックで、右足を痛めて決勝戦に臨んだ山下は、エジプトのラシュワンを破り念願の金メダルを手にした。一九六四年の東京オリンピックで、神永選手がヘーシングに一本負けした口惜しさが忘れられない私達は、それ以来の無差別級の山下優勝に心からの喝采を送ったのであった。

太平洋戦争の末期、十歳だった私は上陸して来た鬼畜米英を刺すために木銃術を習ったことがある。敗戦後の中高時代、日本の武術は教科になく習うことはなかった。そんな私だが、いつも柔剣道の試合を見るとき、選手の姿勢に注目している。というのは、優れた選手は、頭のテッペンから爪先まで一本の筋が通っているからである。山下選手の背筋は常に真っすぐである。体が動いても常に背筋はブレていない。剣道もそうだが、華道・茶道・舞踊でも、また、外科手術の場合も姿勢は極めて重要である。

柔道はスポーツとして世界に認知されたが、日本の「礼」と「自他共栄」の心を外れないよう、国際柔道連盟の教育担当理事である山下によく指導して貰いたい。

山下は二〇〇七年、スポーツへの大いなる貢献で紫綬褒章を受章した。

山下泰裕　　5/24/94

土俵の鬼

初代若乃花（一九二八〜）

第四十五代横綱。本名は花田勝治。土俵の鬼とはこの人のことである。一九六〇年代には好敵手栃錦とともに栃若時代と呼ばれ一世を風靡した。千秋楽での二人の取り組みは相撲ファンの何よりの楽しみで、私は学会の途中でもこっそりと携帯ラジオで勝負を聴いたものであった。

若乃花には珍しい引分けの記録がある。一九五五年九月、関脇だった若乃花は横綱千代の山と水入り取り直しの大相撲を演じ、十七分余り経っても勝負がつかないため、とうとう引分けで決着したのである。

立合いの時の若乃花のすさまじい形相と、全身の筋肉、とくに腿から脛にかけてハガネのように強靱な筋肉の躍動は、今でも鮮明に目に焼き付いている。もしもミケランジェロに見せたなら、アポロ像以上の若乃花像を刻むことであろう。若乃花の勝負にかける執念と鍛えあげた肉体を知っている私たちは、今の肥満力士の故障と精神力の弱さに憤慨するのである。

若乃花は引退後二子山親方となり、栃錦の春日野理事長とともに両国国技館の建設に貢献した。

第45代横綱若乃花
二子山親方
64才
11/8/92

ウルフ大横綱

千代の富士（一九五五〜）

ウルフと呼ばれ、数々の栄光を手にした大横綱。前人未踏の千四十五勝をあげ、優勝は通算三十一回、そのうち全勝は七回。また双葉山の六十九連勝に次ぐ五十三連勝の記録を持っている。北海道の出身だが夫人の郷里が福岡ということで、私たち九州人は千代の富士に親近感を寄せている。その九州場所では八連覇して私たちを大いに喜ばせた。

均整のとれた筋肉質の体格で、立合い時の相手を刺すような鋭い目と凄まじい気迫は、まさに獲物を狙う狼《ウルフ》であった。

土俵入りでは頭よりも高く足を上げ、見事な四股を踏んだ。睨み合いの次の一瞬、左手で相手の前廻しを取って引きつける得意の型を持っていた。小柄な千代の富士が大型力士を投げ飛ばすのを見て国民は日頃の鬱屈した不満を発散することができた。

一九九一年五月、三十六歳直前の千代の富士は十八歳の新鋭関取に敗れて引退を決意した。相手はのちに六十五代横綱となった貴乃花である。

平成十九年の今、当時の千代の富士が朝青龍と対戦したらどうなるだろうか。私は千代の富士の勝ち名乗りの姿を想像するのである。

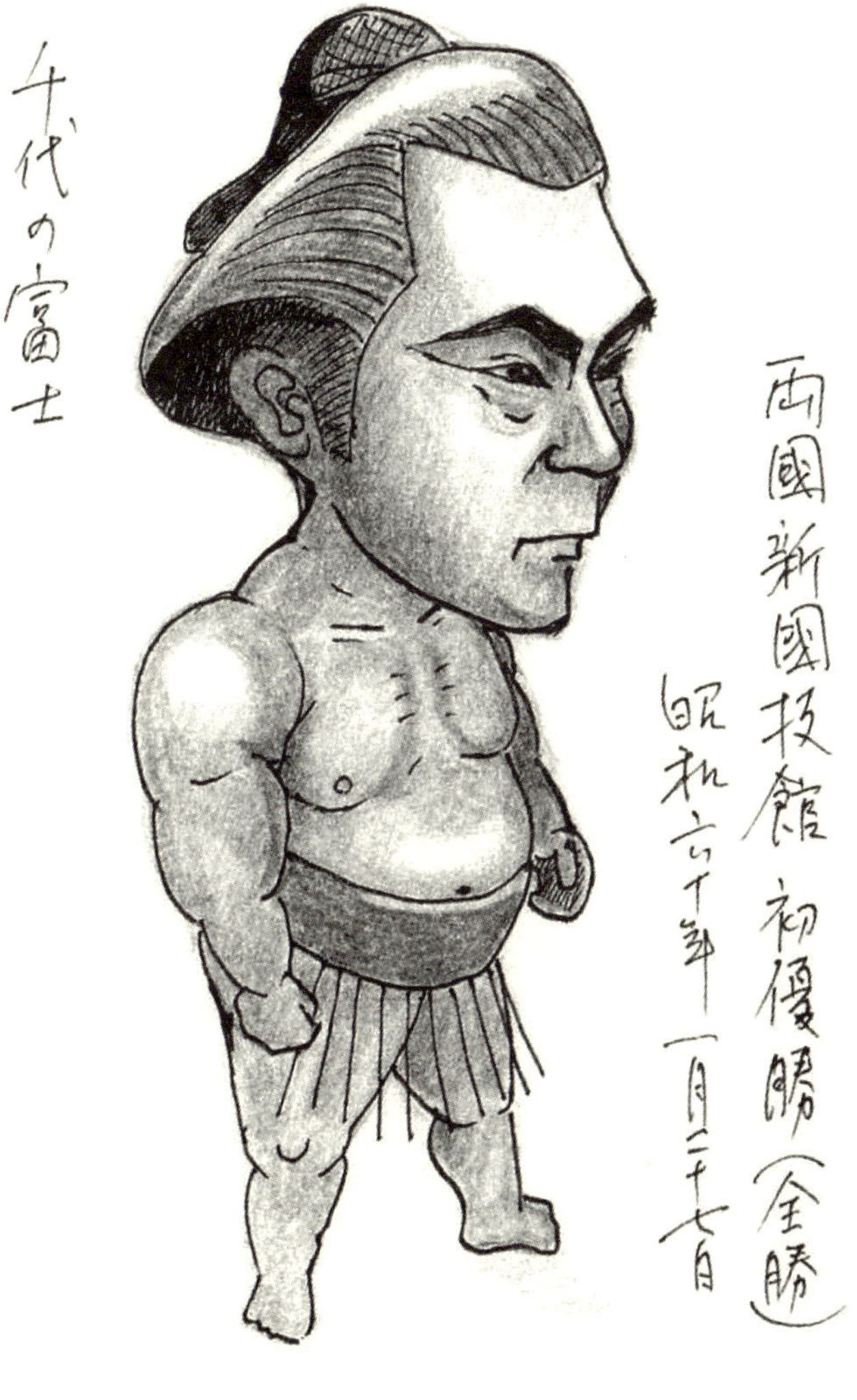
千代の富士
両國新國技館 初優勝(全勝)
昭和六十年一月二十七日

ハワイアン・コニシキ　小錦（一九六二〜）

ハワイ出身の元大関。日本に帰化して小錦八十吉となった。憎めないギョロ目のダンプ相撲でファンに愛された。高砂部屋の新弟子検査のとき、百五十キロまでの体重計一つでは足りないので二つを並べ、それぞれ片足を乗せて計ったという。

幕内随一の軽量九十七キロの舞の海が、二百八十五キロの小錦にまともにぶつかってはとても勝てない。しかし舞の海は相手の日の前で柏手を打つ「猫だまし」の奇手で小錦に勝ったことがあった。小錦は横綱昇進まであと一歩だったが、超ヘビー級の体重に膝が悲鳴をあげ、外国人横綱第一号になれなかった。しかし相撲界への貢献は特筆すべきものがある。

相撲を引退したあとはKONISHIKIを名のってタレント活動を始めた。これが本来の小錦の魅力を引き出し、水を得た魚のように楽しそうである。

彼のユーモラスな演技とのどかな歌声は、遠赤外線のような暖か味があり、子供達にも大人気である。特にウクレレを弾きながら歌うハワイアンの癒しのムードは絶品で、この世の憂さを忘れさせてくれる。因みにBMIは七十五を超える超肥満体だが、メタボリック・シンドロームに気をつけて、ますますの活躍をお願いします。

コニシキ
マハロ！（ありがと）
9/26/'05

打撃の神様

川上哲治

（一九二〇〜）

打撃の神様。熊本県出身の読売ジャイアンツ選手、のち監督。百七十四センチ、七十五キロ。一九四五年八月の無条件降伏で目標を失った日本人は索漠《さくばく》とした時代を過ごしていた。新制中学生の頃の私は遠賀川の河川敷や学校のグラウンドで、復活したプロ野球、特に「赤バットの川上、青バットの大下」に憧れ、友人とともに草野球に熱中した。道具はすべて手作り。ボールはコルクやラムネの玉を芯に入れ、毛糸やゴム紐を巻くなどと工夫を凝らし、打率などの成績をつけていた。

川上が一九五一年に残した三割七分七厘の打率は、阪神のバースが一九八六年に塗り替えるまでセ・リーグ記録であった。「ボールが止まって見える」と川上がいったというが、私は本当にそうだったろうと信じている。

巨人は川上が監督となり、一九六五年から一九七三年までセ・リーグ九連覇を果し、すべて日本シリーズを制した。マスコミに無愛想だったことから「哲のカーテン」といわれたり、引退後は「球界のドン」ともいわれた。数々の記録を残しているが、一九九二年、プロ野球界では初めての文化功労者に選ばれている。

巨人軍はねー。
川上哲治さん
5/'99

世界のホームラン王　王　貞治（一九四〇～）

通算八六八本のホームラン記録を樹立し、初の国民栄誉賞に輝いた「世界の王」。「人気の長嶋、実力の王」という形容にうなずく人は多かったが、いつもミスターの陰に隠れて損な役割だった。東京出身ながらわが若鷹軍団の監督を長年務めてくれており、さらに王ファンが増えているようだ。

一九九九年十月末、私は西日本泌尿器科学会総会を主催し、会長としての招待会を博多湾上で開催していた。宴たけなわの時、アナウンスがあり、ホークスが中日を破って日本一になった。会場はどっと沸いた。王さん、そしてホークスの皆さん有り難う。私はホストとして鼻高だかであった。

アテネ五輪で全日本チームは、病に倒れた長嶋監督が不在のまま闘って口惜しい思いをした。しかし二〇〇六年、初のワールド・クラシック野球大会では、王監督のもと見事世界一となった。お目出度う。まさに溜飲の下がる優勝であった。

その後、胃の手術を受けたあとの王監督はかなり痩せたようだ。形勢が悪いと眉間のシワが深くなる。真面目で心配性なのである。ガムを噛みツバを吐くどこかの監督とは違い、品格あるサムライ王監督をもっと楽にしてあげたいものだ。

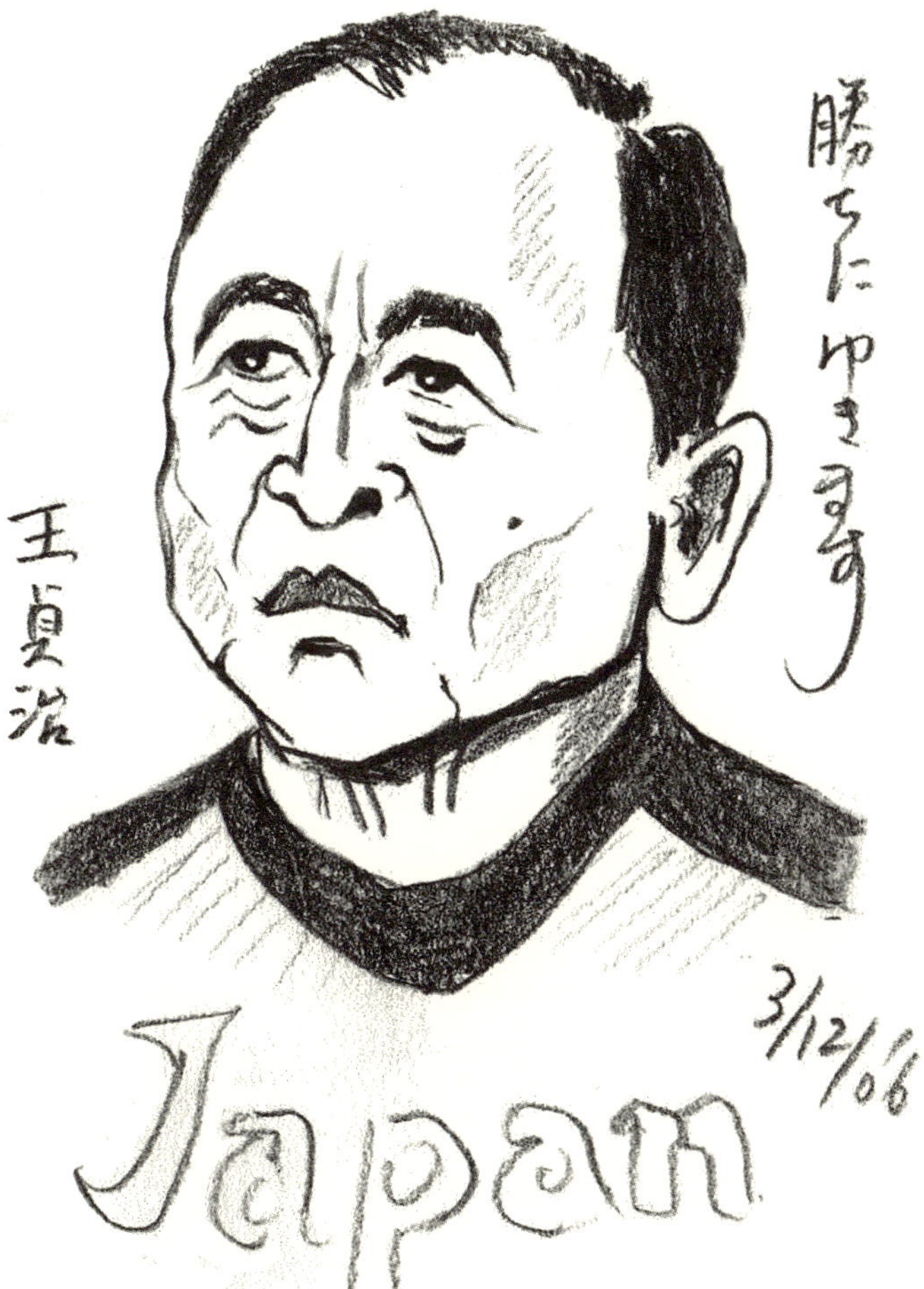
勝ちにゆきます
王貞治
Japan
3/12/06

悪太郎名投手　堀内恒夫（一九四八〜）

悪太郎と呼ばれた読売ジャイアンツの名投手。入団当初から言動がふてぶてしかったため、こんなニックネームがついた。

熱烈な西鉄ライオンズファンで、アンチ東京、アンチジャイアンツであった私には、堀内は天敵のように思われた。ということは、堀内の素晴らしい実力を、敵ながらアッパレと認めていたのである。

帽子を飛ばして渾身の力で投げるストレート、そしてドロップは躍動感にあふれ、西鉄の打者はきりきり舞いをさせられた。この絵は、後楽園からのテレビ放送を見ながらノートの切れッ端にサッと描いたものだが、最近の投手がよく云う〝腕がよく振れている〟のが分かる。私のお気に入りの絵の一つである。

現役時代、強いジャイアンツに貢献した堀内は、日本シリーズ最優秀選手を二回（一九七二、七三）、ベストナイン二回（一九七二、七四）ほか多数の賞を受けている。しかし監督としての戦績は百三十三勝、百四十四敗で勝率五割を割り、不本意であった。他球団の四番バッターばかり集めて打線を組んでも、思うように勝てなかった。野球はカネとスターだけではない事を見事に証明してくれた。

HORIUCHI
1975頃

バックテンホームイン　秋山幸二（一九六二〜）

高校を出てすぐ西武ライオンズに入団。打つ、守る、走るに卓越したスーパースターに成長した。数々の記録をうち立てたが、一九九〇年の三十五本塁打と五十一盗塁はプロ初の大記録で、その後破られていない。今でも目に焼き付いているのは、秋山のバックテンホームインである。一九八六年巨人との日本シリーズ第八戦での出来事で、これで西武は日本チャンピオンになった。

淋しかった福岡の街にプロ野球が戻ってきて、やがてダイエーホークスとなった。私は西武からホークスに宗旨替えをした。その魅力の一人が秋山であった。熊本出身というのも九州人の私には嬉しかった。秋山のプレーにはいつもスポーツマンの爽やかさがある。とかく暗いことが多い世の中にあって、余計なことを考えずに野球に集中する秋山に、人間としてのあるべき生き方を感じるからであろう。

秋山は、二〇〇二年八月末、惜しまれながら現役を引退した。福岡市は市民に大きな喜びを与えてくれたとして、秋山に市民栄誉賞を贈った。

秋山は今、ソフトバンクホークスの一軍に戻り、王さんの下で監督修業をしている。やがて爽やかな采配を振るう秋山の姿が福岡ドームで見られるに違いない。

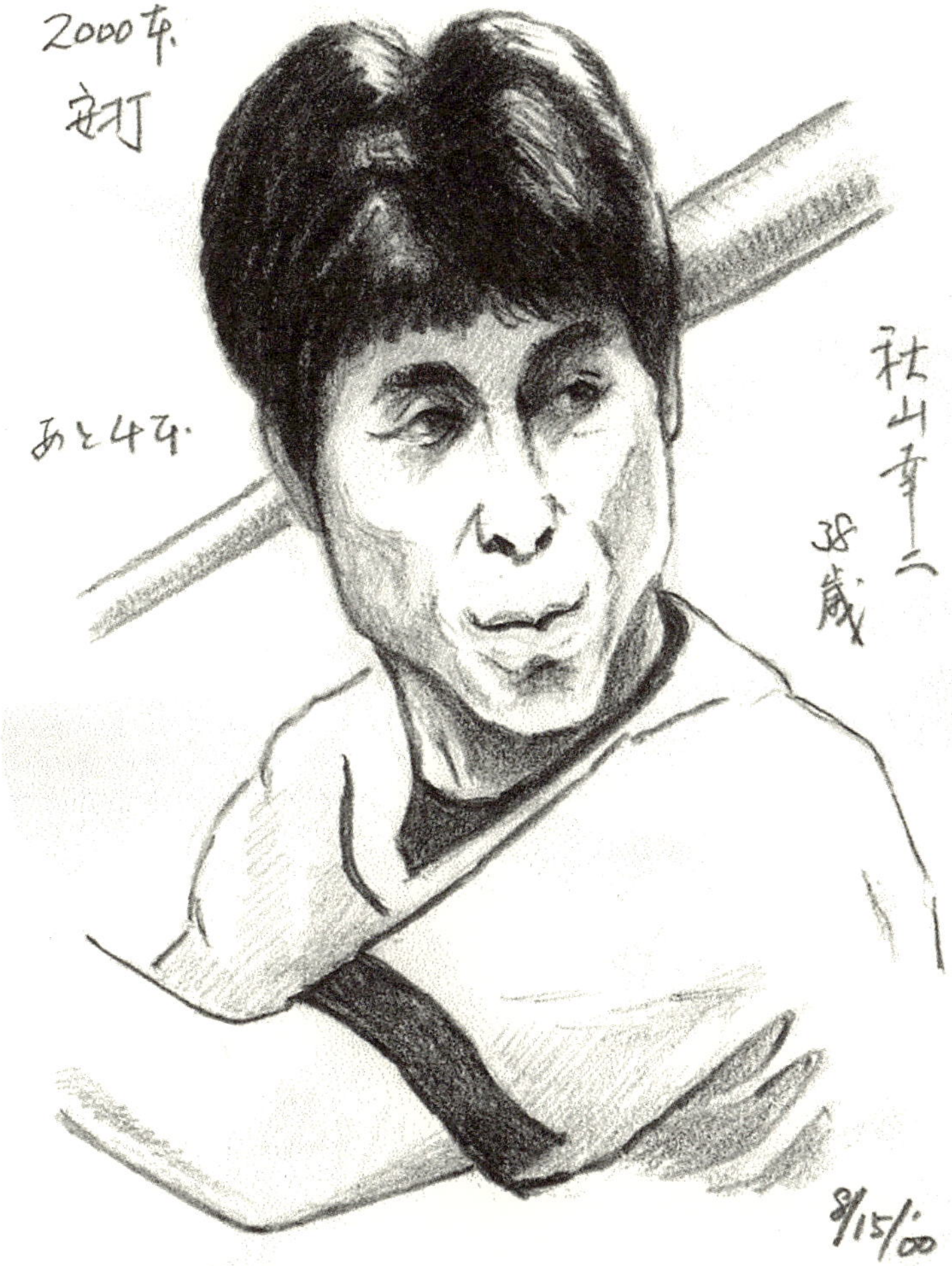
2000本安打
あと4本
秋山幸二
38歳
8/15/00

わが道をゆく

桑田真澄（一九六八〜）

彼の打者に対する眼差しは鋭い。天性の勝負師である。

体格は恵まれた方ではないが、抜群の運動センスでＰＬ学園時代から注目されていた。高校時代に甲子園を踏める機会は最大五回だそうだが、桑田は清原とともに五回出場し、四回は決勝に進出し、二回は優勝旗を持ち帰った。

頭が良いせいか彼には暗い陰もつきまとっている。一九八五年、早稲田に進学するとして他球団を諦めさせたのち巨人にドラフト一位で入団した。また、投資に熱を上げて「投げる不動産屋」と誹謗されたこともあった。

桑田は巨人のエースとして素晴らしい投手成績を挙げた。が、打者としても一流である。ピンチヒッターに出ても良いくらいの打撃センスを持っている。

一流選手はまた健康管理も一流である。何かで読んだが、桑田は食事について「マゴワヤサシイ」を勧めているらしい。因みにこの意味は、マメ、ゴマ、ワカメ、ヤサイ、サカナ、シイタケ、イモだそうで、今注目の日本食である。

張本は桑田が巨人の監督にふさわしいと高く評価している。しかし二〇〇七年、彼はピッツバーク・パイレーツに移り、八月に大リーガーの夢は終った。

広島6対1巨人
6/27/93
桑田7敗

シーズン二六二安打　# イチロー（一九七三〜）

シアトル・マリナーズに所属するプロ野球選手。本名、鈴木一朗。百七十七センチ、スリムに見えるが、七十五キロはあるそうだ。天才的としかいいようのないセンスの持ち主。素質を見抜き「イチロー」と名付けたのは、故・仰木監督だった。

アメリカに移籍した二〇〇一年、彼は新人として数々のタイトルを手にし、二〇〇四年にはメジャー記録を更新する二六二安打を放ってファンを驚かせた。彼の記録は枚挙にいとまがないが、日本政府の国民栄誉賞は二度も辞退している。

二〇〇五年のワールド・ベースボール・クラシックでは、日頃クールなイチローがハッスルして王ジャパンを優勝に導き、日本人を狂喜させた。二〇〇七年、オールスターで初めてというランニングホームランを放ってＭＶＰに選ばれた。インタービューで「四安打も出ましたね」という問いかけに、「出たのではなく出したんです」と言い放ち、面目躍如たるものがあった。

彼の打法は変幻自在である。強打の時は左軸がブレないよう基本通りに打っているが、広角にヒットする時は「ねじり打法」を自在に使い分けている。前後のブレにはお構いなしで、しなやかな体を捻ってバットをコントロールしているのに驚く。

イチロー
262安打
11/7/04

負けん気ジョー

城島健司（一九七六〜）

ソフトバンク・ホークスの顔＝ジョーは、ホークスで日本一のキャッチャーとなり、二〇〇六年春、シアトル・マリナーズに移籍した。マスクの下から輝く精悍な目、向こう気の強い言葉、そして文句を云わせない強肩から、扇の要《かなめ》役としての信頼感は、ファンだけでなくチーム内からも絶大なものがあった。

前身のダイエー・ホークスが王監督の下で初めて全国制覇したのは一九九九年の秋である。チームをここまで引っ張ってきた城島にも、多大の苦労があっただろう。意図した所に投げてくれないピッチャーに、何度も腹立たしく思ったに違いない。しかし城島は、厭な顔を見せず、辛抱強くリードを続け、チームを纏め上げたのである。

城島はこの年、全試合に出場し、チームでただ一人の三割打者となった。チームの敗色濃いときに城島がバッターボックスに入ると、何かしてくれるだろうと期待し、事実、しぶとくヒットを打ってくれることが多かった。

二〇〇一年にジョーは三十一本の本塁打を記録したが、この年、小久保は四十四本、松中三十六本、井口三十本を打ち、パ・リーグ初の三十本カルテットを記録した。日本人だけのカルテットとしてはプロ野球史上初めてのようだ。

工藤さんに教えられました。
城島捕手
1/25/01

キング・オブ・スキー　荻原健司（一九六九〜）

ノルディック複合選手として双子の弟の次晴とともに国際舞台で大活躍し、キング・オブ・スキーと呼ばれた。一九九二年のアルベールビル、二年後のリレハンメル冬季オリンピックに二連勝、ワールドカップでも通算十九勝をあげた。荻原はのちにユネスコ国際フェアプレー賞を受賞している。雪の世界の中で彼の周りには温かい空気が流れていた。いつも荻原はいとも無造作に遠くまで飛んだ。なぜ他の選手が及ばないのか不思議であった。しかし荻原は人一倍の練習によってV字ジャンプをマスターした努力家だったのである。ジャンプで稼いだポイントを活かし、後半のクロスカントリーで体格の大きな北欧人達を尻目にゴールする姿に国民は狂喜し、爽やかな彼の勝利談話を聞きながらの晩酌の味は格別であった。

しかし荻原の連勝街道が五年にも及ぶと、さすがに欧米人は黙っておれなくなり、案の定ルール改定が行われた。飛距離が小さくなるようスキー板のサイズを変更したのである。そして予想通り日本選手が勝つことは非常に難しくなった。

今荻原は参議院議員となって文教科学を担当している。金メダルはないが、国民を喜ばせてくれるような活躍を期待したい。

ノルディック複合
荻原選手
2/94

お母さんの味噌汁　清水宏保（一九七四～）

帯広出身の代表的日本人、そしてスピードスケーター。自分より三十センチ近く背が高い大男のウォザースプーンをしばしば破り、日本人を喜ばせた。彼のロケットスタートは、短い脚を活かしたピッチ走法で一気に加速し、他をよせつけなかった。黒いタイツから透けて見える太腿はまさに筋肉の塊である。二〇〇一年三月にはソルトレイク世界選手権で五百メートル三十四秒三二の世界新記録を樹立した。

一九九三年以来十年間も世界をリードしてきた清水選手ではあるが、最近はとみに目立たなくなった。腰痛のせいだろうか、それとも年齢的な限界なのだろうか。いずれにしても彼の偉大な功績は消えることはない。

最も私の印象に残っているのは、一九九八年長野オリンピックで金メダルを手にした時のテレビインタービューである。

アナウンサー、「お目出度うございます。優勝した今、何が一番したいですか?」

清水選手、「お母さんが作ってくれた味噌汁が飲みたい!」

何とも嬉しい話だと私は感激が込み上げてきた。

清水宏保 35秒26
連続制覇

3/14/99

イナバウアー　荒川静香（一九八一〜）

フィギュアスケーター。二〇〇六年、トリノオリンピックでの荒川の演技は世界中をうっとりさせ、金メダルの栄誉に輝いた。トゥーランドットに合わせた優雅なスケートに観客はすべて酔いしれ、日本人の誇りを強く感じた。

金メダルを狙うには得点を重ねなければならない。しかし荒川は自分のベストの美しさを表現して観衆に喜んで貰いたいと、採点対象にならないイナバウアーを取り入れた。出番が来るまでの彼女にとって、他の選手の演技は眼中になかった。ひたすら自分を表現することに集中したのである。

イナバウアーはドイツの女性選手の名前で、足を百八十度開いて横滑りする技である。荒川は後ろに反るので、正しくは「レイバック・イナバウアー」という。

金メダルの余韻が続くある日、何気なくテレビを見ていると、ランドセルを背負った幼い女の子がイナバウアーの真似をしながら歩いているのが放映され、微笑ましさに妻と笑ったことであった。

静香という名前は、鎌倉出身の彼女に縁の深い静御前に因んだものだそうである。「記録より記憶に残りたい」という言葉は彼女の名言である。

レベル4より美しさを求めて
荒川静香
2006

Qちゃんスマイル　高橋尚子（一九七二〜）

世界のトップ・マラソンランナー。岐阜県出身。百六十三センチ、四十五キロ。二〇〇〇年のシドニー・オリンピックで、強豪リディア・シモンを振り切り、二時間二十三分十四秒で優勝。金メダルを獲得し国民は感激に酔いしれた。過去十一回の国際マラソンで八回優勝という驚異的な成績を残している。二〇〇一年のベルリンマラソンでは当時の世界最高記録、二時間十九分四十六秒で走り抜けた。ヒゲの小出義雄監督と二人三脚で、北米ボウルダーなど二〜三千メートルの高地でトレーニングをしていたが、しだいに多忙となった小出監督との師弟関係を解消し、彼女は独立の道を走り始めた。

高橋の心拍数は一分間三十五という信じられない少なさである。並外れた心肺機能で自転車や市電なみの時速十八キロで二時間以上も走り通す。以前の日本女性ランナーは、何とかゴールしても、そのまま倒れ込むなど悲壮であった。しかし高橋はすぐに笑顔で感想を述べる余裕がある。

今日本には、野口みずきほか優秀な選手が現れている。もう一度国際舞台で、あのQちゃんスマイルを見せて欲しいものだ。

高橋尚子 金メダル
9/24/'00

天才ジョッキー　武　豊（一九六九〜）

日本を代表する天才ジョッキー。百七〇センチ、五十一キロ。

祖先は薩摩藩士。一九八七年のデビュー以後、毎年百勝以上をあげ、二〇〇七年十一月三日、日本中央競馬会での累積勝利三千勝を記録した。

落馬や骨折などの事故もあったようだが、爽やかな笑顔で復活し、勝利街道を驀進している。他のジョッキーと、いったいどこが違うのだろうと不思議だが、馬を大切にし、馬に話しかけ、おだてる名人であることは確かであろう。

百連敗しても走り続けるハルウララに人気が沸騰したことがある。負け続けても頑張っている馬に何とか一勝させたいと武が乗ってみたが、さすがに彼の神通力も通用しなかった。人も馬も努力が報われるとは限らないのである。勝利や金儲け等の結果至上主義でなく、地道な努力の毎日というプロセスに人生の価値を置きたい。

二〇〇〇年頃、臓器提供の宣伝ポスターに武の姿が載ったことがある。当時、病院長であった私は、職員の身嗜みを強調し白衣のボタンを留めるよう指導していた。ところがポスターの武は、ガウンのボタンを留めずに着流しており、カッコよいと思う職員が武のマネをしないよう祈ったものであった。

天皇賞
武豊 優勝
4/28/91

高校サッカーの父　小嶺忠敏（一九四五〜）

島原出身のサッカー指導者。一九八八年、長崎県民栄誉賞の第一号を受賞。無名だった長崎県国見高校のサッカー部を育て上げ、全国高校選手権で六度の優勝をもたらした。自分の田畑を売り払ってマイクロバスを購入し、全国各地を転戦してチームの強化を図ったというエピソードは有名。

小嶺の熱血ぶりと実績は他校にも大きな影響を与え、九州を高校サッカー王国に育てあげた功績は大きい。彼はサッカーを通して人を育てた。信念は、「独創性、チャレンジ精神、有言実行、全力投球、人間性」である。彼の薫陶を受けた教え子は、最近では大久保嘉人、平山相太、三浦淳宏など錚々《そうそう》たる顔ぶれである。

二〇〇三年、島原を訪れたとき、真っ先に思い出したのは小嶺監督率いる国見高校であった。諫早干拓の不自然な潮受け堤防を左に眺めながら東に進み、やがて南に折れると静かな佇まいの国見高校がある。小嶺さんはここで活躍しているのだな、と何となく懐かしかった。

二〇〇七年の参議院選挙に自民党公認で出たが、惜しくも落選した。甘ちゃん候補が多い中で、小嶺のような実績がある人が、この国を見てほしいものだと思う。

大胆細心
小嶺忠敏
10/11/92
長崎国見高校サッカー監督

不完全燃焼

中田英寿

（一九七七〜）

日本を代表するプロサッカー選手。百七十五センチ、七十二キロ。ベルマーレ平塚を皮切りに頭角を現し、一九九八年のフランスワールドカップに初出場した日本チームの中心となった。彼の活躍は欧州で注目され、二十一歳のときイタリアのペルージャに移籍し、ミッドフィルダーとしての評価を確立した。その後八年間、イタリア各チーム、イギリスなどで、頭脳的なパスと攻撃参加でチームの核となった。国別対抗のゲームでは岡田、トルシェ、ジーコなど歴代の監督に呼び戻され、日本とヨーロッパを股にかけて大活躍をした。

感情を表わさず口数も少ないため、クールな男と思われているが、勝負にかける執念は凄まじいものがある。二〇〇六年のドイツ・ワールドカップでは、アジア予選を突破したものの、ブラジル戦で一対四と惨敗し、決勝トーナメントに進出できなかった。終了の笛が鳴ったとき、中田はピッチに大の字になり、空を見上げて動かなかった。その目には光るものがあった。すべてを出し尽くした男が、走馬灯のように天空に映るサッカー人生を振り返っていたのではなかろうか。

彼の横顔は、古代エジプト王の、奥深いものを秘めた彫像を連想させる。

(不)完全燃焼!! アテネ
中田英寿
5/15/06

東洋の魔術師　青木　功（一九四二〜）

今や世界の青木と呼ばれるプロゴルファー。百八十センチ、八十キロ。きさくで開けっ広げな性格がファンに愛されている。尾崎、中島などとともに日本のゴルフ時代の主役であった。

ゴルフを始めるとき、私は『陳清波のモダンゴルフ』を教科書に選んだが、初心者には難しい理論であった。そして、毎週のように見るテレビで、青木の自然体のゴルフに惹かれるようになった。青木は背中を丸めた独特のアドレスでハンドダウンに構え、クオーターショットのような手首を使ったスイングで長打を飛ばす。パットでもボールをヒールでコツンと打ち、カップに吸い込ませる。

内弁慶の選手が多い中で、青木は早くから海外ツアーでも遺憾なく実力を発揮し、一九七八年の世界マッチプレー選手権で海外初優勝、以後優勝回数は多い。記憶に残る熱戦は、全米オープン八〇年における帝王ジャック・ニクラウスとの死闘である。惜しくも二位となったが、東洋の魔術師だとニクラウスを感嘆させた。

二〇〇四年には世界ゴルフ殿堂入りを果たした。樋口久子に次いで日本人二人目である。「ゴルフはシンプルに、だがよく考えて」、が彼の信条である。

シニア
青木プロ
3/21/93

ガッツポーズ

ガッツ石松（一九四九〜）

ボクシングの元ＷＢＣ世界ライト級チャンピオン。終戦後、負け犬意識に落ち込んでいた世の中にあって、力道山は欧米の鬼畜みたいなプロレスラーを空手チョップで打ち負かし、全国民は熱狂した。ボクシングもそうである。手に汗握るラウンドの後、レフリーがガッツの手を取って勝利を告げる時、私達の溜飲は一気に下がった。

草食系の日本人は、どうしても肉食系の人種に体力的に劣る点がある。私の専門の医学でも手術後の患者さんの回復意欲や傷の治るスピードに差があるように思われる。日本人が秘かに抱いている劣等感を、ガッツは一閃のパンチで打ち砕いてくれた。

彼の独特の勝利のポーズは「ガッツポーズ」として世の中に普及した。今は誰もが勝負に勝ったときガッツポーズをするのが当たり前になった。

彼がいまなお国民に親しまれているのは、素朴で陽気な人柄であり、タレント活動しても嫌みがまったく感じられないからであろう。

「粗にして野だが、卑でない」とは、元国鉄総裁の石田禮助が就任時にいった言葉だそうだが、ガッツ石松もこの格言を大切にしているようだ。教育とは、人間の品性を高めることにある、と武士道の新渡戸稲造は云ったが、藤原正彦さんの国家の品格を支えるための国民の心得であろう。

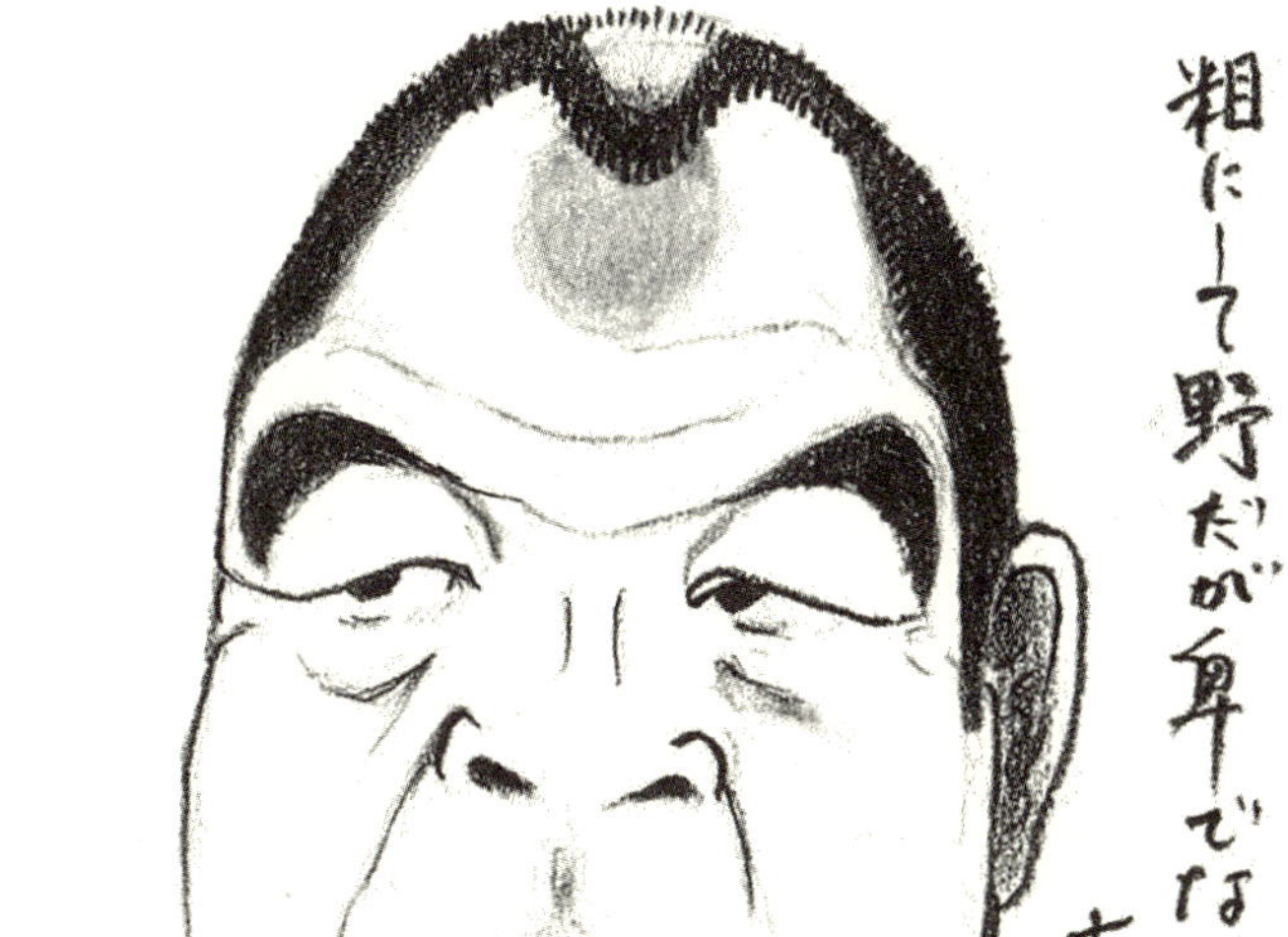
粗にして野だが卑でないことが
大切
5/16/05
ガッツ石松

シンクロの日本人形

立花美哉（一九七四〜）、武田美保（一九七六〜）

女子シンクロの立花・武田組である。二〇〇一年、福岡で行われた世界選手権で見事金メダルを獲得した。私が当時勤務していた福岡大学病院は、大会本部の依頼を受けて医療チームを派遣し、大会を陰で支えた。プールに行った医師たちは優勝の現場を見ることができたのだろうか。

二人は「日本人形」をテーマに、ピタリと息の合った演技をして観衆を魅了した。スタイル抜群の二人が、頭髪をからげ鼻を抓んで水中で自在に演技するのを見ていると、人間ここまでできるのかと感心するばかりである。井村コーチと三人での練習風景を垣間見ると、選曲、演技の狙い、細かな表現など大変な練習を重ねているのに驚く。年頃なのにデートの暇もないのではないかと心配である。

シンクロとは時を一致させるという意味だが、類似語にシンフォニー（交響曲）、シンパシー（同情）などがある。前者は音を合わせることであるし、後者は心を合わせることである。私たち医療従事者はチーム医療のため、また患者さんへの暖かい心遣いにシンクロは必須である。

しかし水泳のシンクロにソロがあるのは不思議である。

第9回世界水泳選手権　シンクロデュエット優勝
立花・武田組
7/20/'01
マリンメッセ福岡

テニスのクイーン

シュテイフィ・グラフ（一九六五〜）

西ドイツ出身のテニスプレィヤー。身長百七十五センチ。一九八七年六月、全仏オープン決勝でナブラチロワを破り、四大大会初優勝を果した。同年八月には世界ランキング一位になり、その後一位を保持した通算期間は三七七週で男女を通じて最長記録保持者である。十七年間の公式試合では、九〇〇勝一一五敗という驚異的な成績を残している。フォアの強打が得意で、ドイツではフロイライン・フォアハンド（フォアハンドのお嬢さん）と呼ばれた。

相手のサーブに対し、腰をかがめて待ち構える横顔には、神経を集中した人の美しさがある。金色に輝く睫毛、その下で細めた眼、高い鼻、引き締まった唇など、ゲルマン系白人の特徴と、生来の知性とが重なっている。

グラフは日本で人気の伊達公子に、東京有明コロシアムでのゲームで負けたことがある。二人のプレイをテレビで観戦した時、私は「伊達、負けるな」と懸命に応援した。

グラフは二〇〇一年、アメリカのアガシと結婚した。米国タイム誌は、世界に影響力のある百人の特集の「パワフルカップル」部門にグラフとアガシの夫妻を選出している。引退後は「戦争で被災した子供達」への慈善活動をしているという。

ウィンブルドン
優勝
Graf
7/2/92

Ⅵ 映画

——映画は昔も今も夢を届けてくれる。日本にも名作が沢山あり名優がいた。戦後の洋画は本邦にない華麗な姿を届けてくれた。名作と呼ばれる映画はいつまでも心に残っている。空想怪奇映画よりも、何かを心に訴えてくる映画が好きである。

世界の巨匠　黒澤　明（一九一〇〜九八）

〝世界の巨匠〟にふさわしい映画監督である。

「羅生門」というモノクロ映画を見たのは私が高校生の頃であった。荒れ果てた寺の山門が映され、盗賊の三船敏郎が、匂うように上品な侍の妻京マチ子を襲う。夫の森雅之は樹に縛りつけられ、目の前で妻が手込めにされる。そのあとの三人の回顧シーンが斬新である。三人の言い分は真っ向から異なり、誰が本当なのか嘘なのか、真相は薮の中である。現在でも対立者の主張は全く異なることが多い。人間が本来持っている自己本位の醜さを、余すところなく描き出した、見ていて胸が痛くなる名作である。

黒澤の名作は多い。「七人の侍」、「蜘蛛巣城」、「用心棒」、「夢」などなど……すさまじい雨のシーン、森の樹木が一斉にそよぐ場面、鬼気迫る一瞬の立合いなど、妥協を許さない映画づくりで、欧米でも高く評価され、数々の栄誉に輝いている。

私が驚くのは、シナリオを書くだけでなく、すべてのシーンを絵コンテでイメージしていることである。どんな雰囲気で、どんな衣装を、と黒澤が描いた絵コンテは実に見事なものである。若い頃、彼は画家を志したというが、なるほどと思われる画才を示している。

夢
黒澤明
KBC-TV
2/7/93

知床旅情

森繁久弥

（一九一三〜）

孤高の日本画家、田中一村の絵に惹かれ、一村美術館のある奄美大島を数年前に訪れた。住用村の奄美アイランドに立ち寄ったとき、門前に古いヨットがあるのに気付いた。森繁が愛用していたヨットだそうである。しかし、キャプテン姿の森繁より、映画「社長シリーズ」などで見る颯爽とした姿の方が似合うようだ。インテリ的な風貌、眉を少し互い違いにひそめた表情。彼の華やかな存在感が女性にとって、えも云われぬ魅力であったろう。最近は九十歳を超え、白髪白髯の森繁さんを見る機会もめっきり減って淋しくなった。

森繁の「知床旅情」は情感に溢れ末長く歌い継がれる歌である。加藤登紀子のネッチリ声より森繁節の方が耳に爽やかである。知床はまだ行ったことはないが、かつて訪れたことのある洞爺湖畔にはハマナスの白い花が可憐に匂っていた。

森繁は映画だけでなく朗読も素晴らしい。私は好んでラジオの「日曜名作座」に耳を傾け、目の前に浮かぶ情景を楽しんでいた。

一九九一年、森繁さんは文化勲章を受章した。日本伝統芸能以外の役者では初めてだそうである。気がつくと森繁にはさん付けで書いていた。

熟すべし
老ゆるべからず
森繁久弥 85歳
8/15/98

サヨナラ、サヨナラ、サヨナラ

淀川長治

（一九〇九〜九八）

戦前戦後を通じて映画は私が最も好きで親しんだ娯楽であり、同時に教養の糧でもあった。サヨナラおじさんとして名声を馳せた淀川の柔らかトークは、日曜映画劇場の楽しみの一つであった。「怖いですねエ、恐ろしいですねエ」、「何と、出演はあのスペンサー・トレイシー……」。聞いている内に期待が高まってゆく。

淀川はチャップリンと一度会談を行ったことがあり、チャップリンについて、「人間を愛し、映画を愛して一生を貫いた神様のような人」だと敬愛していた。淀川自身も映画に生涯を懸けた人で、妻を娶ることなく映画に一生を捧げた。

名作映画は最高の総合芸術であるとし、長年親交があった黒澤明の晩年の映画「夢」は最高の映画美術であると評価している。淀川は、黒澤の死の二カ月後、追いかけるように大動脈瘤破裂で死去した。

一九八四年、勲四等瑞宝章を受章。一九九二年、集英社は映画文化の発展に功績のあった人や団体に対して授与する淀川長治賞を設立している。因みに、第一回受賞者は、名翻訳家の戸田奈津子であった。

サヨナラおじさん、映画の楽しみを教えて下さってありがとう。

ハイ 映画に一生を奉げようと
決心しました。
淀川長治
2/16/96

永遠の処女　**原　節子**（一九二〇〜）

「永遠の処女」といわれた、世界の小津映画の主演女優。横浜市出身。本名、会田昌江。百六十一センチ。

十五歳で日活にデビューしたが、注目を浴びたのは、今井正監督の「青い山脈」で誠実な女性教師を演じた時からである。一九四九年、小津安二郎監督の「晩春」では鎌倉に住む大学教授の令嬢を好演し、毎日映画コンクール「ブルーリボン賞」を受賞した。引き続き紀子三部作といわれる「麦秋」と「東京物語」のほか、「小早川家の秋」などに出演した。上品な言葉遣いと、淑やかながら辛抱強い日本女性の役柄は、きっと原節子そのままのイメージであろう。

今上天皇が美智子さんと結婚された一九五九年は、私にとっては大学卒業と父の死の年であるが、同年、東宝は千本目の記念映画として日本神話「日本誕生」を制作した。その中で、原は天照大神の役を与えられ、日本最高位の女性神を演じた。因みに共演の三船敏郎は、日本武尊と素戔嗚尊の二役を演じている。

清楚な原の姿は一九六二年を最後にスクリーンから消えた。静かな市民生活を続けているようであるが、美しいだけでなく賢い女性である。

結婚より父の世話に奉げた娘
紀子
小津安二郎「晩春」　原節子
昭和24年
10/14/03

パーッといきましょう　三木のり平（一九二四〜九九）

「三等重役」に始まる映画「社長シリーズ」で、主演の森繁とともに、なくてはならぬ俳優であった。尊大な森繁社長、真面目な秘書の高橋桂樹、そして社長の気をひく新珠三千代、淡路恵子、草笛光子、池内淳子などが登場した。宴会好きの営業部長のり平が、腰をかがめ、上目づかいで鼻を長くして「パーッといきましょう！」は当時流行語になった。

のり平といえば、もう一つ忘れられないのが桃屋のアニメコマーシャル「江戸むらさき剣豪編」である。尻を端折った侍がずり落ちそうなメガネをかけている。その顔と声は紛れもなく三木のり平であった。この絵はのり平自身が描いたものらしいが、毎日見ても飽きの来ないエンターテインメントであった。私は海苔の佃煮が好きであるが、このコマーシャルの影響を強く受けているのかもしれない。

意外だったのはのり平の演出家としての功績である。林芙美子原作、森光子主演の「放浪記」はのり平が長年演出を担当していたという。

「喜劇役者は人を笑わせるのが仕事。人に笑われてはいけない」というのが、のり平の信条であった。

芸を語る
三木のり平
2/8/89

男はつらいよ

山田洋次（一九三一〜）、渥美 清（一九二八〜九六）

映画、寅さんシリーズ「男はつらいよ」四十八作を一九六九年から一九九五年まで二十七年間にわたって作り続けた監督（脚本家）と俳優。

NHK衛星放送で「渥美清の肖像・知られざる役者人生」で、山田監督は頭をかしげ、目を伏せながら、シリーズに一貫して流れている心について述べていた。

「失われつつあるものは目には見えないんですよ……特に、人情なんですよ」

サンテグジュペリが「星の王子さま」でキツネにいわせた言葉と同じである。

今でも小気味の良い寅さんのセリフが聞こえて来る。柴又の団子屋一家を中心に、渡世人でありながらも人一倍感激屋で人情味に溢れ、侠気に燃えて奔走する寅さん。「おにいちゃん」思いの妹さくら（倍賞千恵子）。訪れる先々で美人に心を寄せ、そして自ら離れてゆく寅さん。物語はいつしか妹の息子、満男君の青春と人間成長の物語に変貌した。渥美は肝臓癌で、惜しくも六十八歳で旅立った。遅れて政府は彼の功績を讃え、国民栄誉賞を贈った。山田監督は紫綬褒章、文化功労賞を受章している。

家族の絆だけでなく他者への愛を謳ったドラマに情熱を傾けた名コンビに心からの敬意を表したい。

山田洋次監督
12/16/'90
寅さん

ラストサムライ　渡辺　謙（一九五九〜）

「ラストサムライ」（二〇〇三）で私は初めて渡辺を見た。トムクルーズとわたりあって、なんら遜色のない堂々たる演技であった。海外に通用する映画俳優として以前は三船敏郎がいたが、渡辺の方がはるかに洗練された現代人である。二〇〇七年二月のアカデミー賞授賞式ではフランスのカトリーヌ・ドヌーブと二人でステージに立ち、五十周年を迎えた外国語映画賞の歴史を紹介したという。

渡辺は三十歳のとき急性骨髄性白血病を発病した。厳しい治療を続けて現在は寛解状態のようで何よりである。仕事柄いつも病人に接しているせいか、病にくじけず逞しく輝いている人に深い敬意を憶えるのである。

「仕事はいい加減に、人生はまじめに……」と渡辺は述べているようだが、まじめに生きている人がチャランポランな仕事をする筈はない。彼の出演作を見ていると、真摯に仕事に取り組んでいることがよく分る。

映画を見た翌年、私は姫路城と書写山を訪ねた。山頂には比叡山にも比肩される圓教寺がある。サムライ渡辺の瞑想シーンの舞台となった大講堂に座り、一瞬ながら当時のサムライの心に思いを馳せたことであった。

ラスト サムライ
渡辺謙
9/24/'05

ライムライト

チャーリー・チャップリン（一八八九〜一九七七）

世界三大喜劇俳優の一人。ちょび髭、山高帽にだぶズボン、どた靴に竹のステッキ。無声映画の頃からカラー時代まで、数々の問題作を世に送り出した。

ナチを痛烈に批判した「独裁者」では、しがないユダヤ人の床屋チャップリンがヒトラーに間違われて担ぎ出され、演説をしなければならない破目になる。初めはオドオドしていたが、しだいに批判の言葉が奔流の如く流れ出て六分間の大演説になる。最後はチャップリン自身の信念がほとばしり出た素晴らしいクライマックスである。

また、人間の美しさを描いた映画として私は「ライムライト」が大好きである。足が立てなくなり自殺を図った若い踊り子を、老いた道化師のチャップリンが助け上げ、懸命に慰め励ますシーンがある。

「人生は美しく素晴らしいものだよ。勇気を出しなさい。夢を持ちなさい。そして少しのお金があればいいじゃないか。私は老いぼれた雑草なんだよ。何度も刈り取られたけど、そのつど芽を出して立ち上がって来たんだ」

金権主義のこの世にあって人間としての助け合いは何よりも尊いものである。しかし現実問題として、お金は無視できない。が、少しあればいい、という所がいい。

殺人狂時代
チャップリン
10/4/87

爆笑コンサート

ダニー・ケイ（一九一三〜八七）

アメリカの喜劇俳優でコメディアン。クレージーキャッツの谷啓は彼に因んで芸名をつけたという。

戦後、新制中学、高校時代を過ごした私にとって、プロ野球と映画とが楽しみであった。続々と輸入されたアメリカ映画では、広大な西部が舞台の西部劇や、カラフルで明るいミュージカル、コメディなどが好きであった。当時、まだ希望の見えない鬱屈した青春の夢を託していたのかも知れない。

ダニー・ケイ主演の「ヒットパレード」を見たとき、共演のセクシー女優ヴァージニア・メイヨとのダンスに息をのみ、日本人にはとても真似できないだろうと思った。当時は他にも楽しい映画が続々と封切りされ、フレッド・アステアの「イースターパレード」や、ジーン・ケリーの「雨に唄えば」などが鮮明な印象を残している。

ＮＨＫのバラエティ番組「世界のワンマンショー」では、ダニー・ケイがタキシードを着て指揮者を演じ、久しぶりに彼の芸を楽しむことができた。

今、若い日本人達は顎が小さく脚も長くなり、欧米人に負けないプロポーションを持つようになった。あとは上品さを失わない芸人魂を身に付けて欲しいものである。

爆笑コンサート
ダニーケイ
4/27/'91

十二人の怒れる男

ヘンリー・フォンダ（一九〇五〜八二）

面長の顔と、見る人を吸い込むような青い瞳は、思慮深そうなアメリカのインテリのイメージである。彼の出演したオーマイダーリン・クレメンタインの「荒野の決闘」、「史上最大の作戦」など幾つも見たが、最も強烈なインパクトを受けたのは「十二人の怒れる男」である。

父親殺しの罪に問われた少年の裁判で、十二人の陪審員は有罪か無罪かを評決しなければならない。当初大半の陪審員は有罪を確信していたが、フォンダは証言の信憑性に疑いを持ち、それでいいのかと疑問を投げかける。フォンダの疑義に対して反発し怒声を浴びせる陪審員もいたが、フォンダは冷静沈着に疑問点を説明する。明快な回答ができない陪審員たちは、証拠や証言の再検討にしだいに引き込まれてゆき、一人、また一人と少年の無罪を信じる側にまわってゆく。

人間の短絡的な先入観、思い込みなど、裁判にまつわる人間の問題を取り上げた映画で、すべてが一室で撮影されたことで印象はより強いものになった。ヘンリー・フォンダならではの持ち味を十分に活かした名作である。

日本でもやがて裁判員制度が始まるが、裁判員に指名された人は必ず見るべき作品である。

十二人の怒れる男
ヘンリー・フォンダ
1/24/02

クレオパトラ

エリザベス・テイラー（一九三二〜）

イギリス生まれ、愛称「リズ」。百六十二センチ。五十五キロ。瞳の色は珍しいバイオレット。十四歳の時の「名犬ラッシー」以後、ハリウッドを代表する美人女優となった。「若草物語」、「陽のあたる場所」、「ジャイアンツ」、「クレオパトラ」など印象に残る映画は数多い。一九六三年と六五年との二回アカデミー主演女優賞を受賞し、一九七三年にゴールデン・グローブ賞（世界で最も好かれた女優）を受賞した。中年以後は、舞台やテレビでも積極的に活躍を続け、一九八七年にはフランス最高のレジヨン・ドヌール勲章を受けている。

一九八五年、親しかったロック・ハドソンの死を機にエイズ撲滅に力を入れ始め、エイズ財団も自分で設立している。その功績で一九九三年にアカデミーのジーン・ハーシ賞を受賞した。

近年は皮膚がんや脳腫瘍など病気がちで、最近は腰痛に悩んでいるという。しかし報道によれば、二〇〇七年一月二十七日、七十五歳の祝賀会に車イスで現れたリズは、白い毛皮とサテンのローブをまとって晴れやかに輝いていたという。

愛情の花咲く樹 Raintree County

1957 MGM 5/5/'92

ローマの休日　オードリー・ヘップバーン（一九二九〜九三）

英国籍の映画女優。「ローマの休日」でのアン王女役がいちばん印象的。身長百七十センチのスリムな体に「妖精」と讃えられる品性を備えていた。一九九八年、妻を初めてヨーロッパに連れていったが、ローマでは六百年ぶりの暑さであった。汗をかきかき訪れたスペイン広場や真実の口などではグレゴリー・ペックとのシーンが思い出された。

彼女は若い頃、オランダでボランティアの看護婦をしたこともあり、食料難で苦労をしている。後日、同年のアンネ・フランクの悲劇を知り、ひどく心を痛めたという。オードリーは六十歳の時、ユニセフの親善大使に就任し、ソマリアやスーダンなどの孤児や飢えに苦しむ子供達の慰問に余生を捧げた。孤児を背負う彼女の笑顔には美しいしわが刻まれている。

杉浦とき子さんの短歌を紹介しよう。

「ソマリアの子を　そっと抱くヘップバーンの　星霜深きしわやさしかり」

オードリーが二人の息子に読み聞かせた詩、

「歳をとると、人は自分に二つの手があることに気付きます。一つの手は自分自身を助けるため、もう一つの手は他の人を助けるため……」

オードリー ヘップバーン
ユニセフ活動
9/3/01

セックスシンボル

マリリン・モンロー（一九二六〜六二）

セックスシンボルといわれたアメリカの女優。身長百六十六センチ。私が医学生の頃、夫のジョー・ディマジオと来日し、福岡の日活ホテルに泊まった記憶がある。

映画が唯一の楽しみだった学生時代、私は西部劇やミュージカル、そしてカッコ良い美男美女を見て胸をときめかせたものであった。

それから時を経て一九九七年、モントリオールで開催された国際泌尿器科学会に出席したあと、妻と私はナイアガラの滝、そしてバンフを訪れた。

バンフは、一九七九年に家族一緒に車でカナディアンロッキーをドライブした時、粗末なモーテルに一泊したのが初めてである。今回は妻の希望でバンフ・スプリングスホテルに泊まり、翌朝、ボー川沿いの散歩に出かけた。映画「帰らざる川」はここで撮影したとのこと。緑に満ちた静かなトレイルを歩くと、モンローのハスキーな「ノーリタン、ノーリタン……」という歌声が思い出される。傍らの茂みをふと見ると立派な角を持った箆鹿《へら》が佇んで私達を眺めていた。

マリリン・モンローの生い立ち、モデル時代、そして夭折したことなど、諸説あるようだが、映画で私たちを楽しませてくれただけで十分である。

Mモンロー
9/24/89

ジュラシック・パーク

スティーブン・スピルバーグ（一九四六〜）

アメリカの映画監督でプロデューサー。祖父はロシア系ユダヤ移民。

かつて、ハーマン・メルヴィルの小説を映画化した、グレゴリー・ペック主演の「白鯨」（一九五六）というエイハブ船長と巨大な白鯨との闘いの作品があった。スピルバーグの「ジョーズ」（一九七五）はこれに次いで面白かった。ただし娯楽作品である。不気味な音楽とともに巨大なサメが出現して人を襲う。怖いもの見たさの心理をくすぐった娯楽作品であった。

一九七九年のある日、子供達とともに訪れたユニバーサル・スタジオでは、私達が乗った展望車が池に近づくと、水中から踊りかかるようにジョーズが現れて観客を大いに喜ばせてくれた。

彼は「ET」、「ジュラシック・パーク」、「宇宙戦争」など、次々とヒットを飛ばしており、新しくは「硫黄島からの手紙」、「トランスフォーマー」（二〇〇七）などを制作している。

手足を畳んでゆくと戦闘車両に一変する日本製の巧妙な玩具に夢中になってわが子が遊んでいるのを見て、映画のトランスフォーマーを思いついたという。

ヒトが喜ぶのが自分の幸せ、という彼の活躍を今後も期待したい。

自らを語る
スピルバーグ
1/3/02

シャーロック・ホームズ　ジェレミー・ブレット（一九三三〜九五）

名探偵シャーロック・ホームズを演じたイギリスの俳優。

テレビドラマでは、陰鬱な街の佇まいや、馬車が「カッカッ」とリズミカルに石畳を走る様子など、十九世紀末のビクトリア朝ロンドンの風情が正確に再現されており、親友ワトスン博士をはじめとする脇役たちの名演技も素晴らしかった。

ホームズは、風変わりな事件が起ると現場検証のあとパイプを片手に瞑想する。僅かな手がかりをもとに、明快な謎解きをし、真犯人を狼狽させる。名探偵の頭脳と勧善懲悪をもたらす結末に視聴者は大喝采を送った。ホームズ役は過去に多くの役者が演じているようだが、ブレットはホームズらしい風貌や性格を完璧に演じており、史上最高との評価が高い。

二〇〇五年初夏、ロンドンを訪れた私達夫婦は、ベーカー街二二一のホームズ博物館を表敬訪問することにした。彼が住んでいたとされる幅の狭い建物で、二階には暖炉があるお馴染の書斎がある。私がホームズだと自称するおじさんが、私に鹿撃ち帽とパイプを手渡し、肘掛け椅子に坐って記念写真を撮ってよい、と笑顔でいってくれた。

残念ながら名優ブレットは六十二歳の若さで心臓病で死去した。

シャーロック ホームズ
7/4/'89

チャングム　**チョ・ジョンウン**（一九九六～）

二〇〇四年秋、何気なく見た韓国ドラマ「宮廷女官チャングムの誓い」に思わず引き込まれてしまい、毎週木曜日が楽しみとなった。

ストーリーは十六世紀初頭、朝鮮王朝の宮廷における料理人と医師・医女の人間ドラマであるが、まず驚いたのは息を飲む美女たちであった。女性たちは漆黒の髪をきちんと結い、宮廷衣装に身を固め、簡素で清潔な化粧をしている。これに対し、日本の若い女性の変色したヘアスタイル、品性を欠いたメイクに服装。場所を弁《わきま》えない携帯電話中毒。本当は美しいのにわざと自分を汚している事が気に入らないのである。

私は反骨精神から、これまで韓流ドラマに背を向けていた。しかしチャングムは違った。人間としても、また医師としても、参考になる疫学的事件や医療に携わる者の心得など、随所にちりばめられている。

「ある医女が王様の主治医になった」という原典の一行だけをもとに、膨大なシナリオを創作したキム・ヨンヒョン監督に心から敬意を捧げたい。

チャングムシリーズで最も泣かせたシーンはどれか、という特集があった。第一位はチョ・ジョンウン扮する幼いチャングムが母と死別する場面が選ばれた。

ハイ さんぐんさま
チャングム
7/12/05

Ⅶ 政治・経済

——確かに偉い政治家や財界の人達はいるが、トップに置くには私の価値観が許さない。彼らが最高位の勲章を貰うのにも強い違和感を憶える。地味な職人が、自分の心に恥じない仕事を、根気よく長年続けることこそ、本当の価値があるのだと思っている。

風見鶏か妖怪か

中曽根康弘（一九一八〜）

第七十二代総理大臣。

変わり身の早さから「政界の風見鶏」といわれたり、平成の御代になっても依然として大物ぶりを発揮していることから「平成の妖怪」などといわれている。

一九八二年、総理に就任した中曽根は、戦後政治の総決算を政治理念に掲げ、教育基本法や憲法改正などを念頭に置いて活躍した。日米安保体制を強化するため、レーガン大統領と「ロン・ヤス」関係を築いたことが自慢であった。しかし「日本をアメリカの不沈空母にする」と発言するなど、軸足のブレが批判を浴びた。

中曽根は、九頭竜川ダム汚職、殖産住宅事件、ロッキード事件、リクルート事件などへの疑惑があったが、なぜか見事に逃げきって、一九九七年には勲章の最高位、大勲位菊花大綬章を授与された。刑務所の塀の上を歩いていて、内側に落ちたのが角栄、外に落ちて勲章を貰ったのが中曽根といわれた。

切り捨て御免の小泉改革で自民党定年制が適用され、政界に引導を渡されたが、今なお矍鑠《かくしゃく》として憲法改正私案や靖国参拝に関する見解など、日本という国を憂えるご高説をお持ちである。

宮沢さんは損な役割りでしたね
中曽根康弘
07/6/30

清貧の行革会長　土光敏夫（一八九六〜一九八八）

土光さんといえば焼いた目刺しをすぐに連想する。一九八二年のNHK特集「八十五歳の執念、行革の顔 土光敏夫」での食事風景である。

第四代経団連会長として信頼を集めていたが、一九八一年、当時の鈴木首相、中曽根行政管理庁長官に請われ、第二次臨調の会長に就任した。清廉潔白、正義の人として、国民に信頼され、増税なき財政再建のために活躍した。

土光さんは、庭仕事をするときも古い軍手を使い、終える時には鍬に付いた土を水で落としていた。若い世代はこれを見て、こんなにケチらないでもお金は唸るほど持っているだろうに、と思ったかもしれない。しかし土光さんは私財を蓄えず、母親が一九四二年、横浜に設立した女子校の橘学苑に寄付を続けてきた。

戦中戦後の厳しい時代、私は疎開先の土地を耕して薩摩芋を作り、柿の若葉を乾燥させてお茶を作った。近くの洗炭場に行って堆積したどべ炭（泥炭）を掬って帰り、赤土と捏ねて豆炭を作った。しかし母と一緒に頑張った懐かしく楽しい記憶である。

今日は、どんなに質素にしても戦後の貧しさとは比較にならない贅沢をしている。

土光は岡山県の名誉県民となり、一九八六年には勲一等旭日桐花大綬章を受章した。

八十五歳の執念
土光臨調会長
3/18/'03

お殿様総理

細川護煕（一九三八〜）

第七十九代総理大臣。父親は、関ヶ原で活躍した細川忠興の末裔細川護貞で、母親は、大戦前後三度も総理を勤めた近衛文麿の娘である。大蔵政務次官、熊本県知事を経て参議院議員になり、政界入りを果した。

一九九三年、宮沢内閣不信任案の可決を受け、日本新党の細川を擁立した非自民党八会派は同年八月、念願の連合政権を樹立した。自民党が一九五五年から維持してきた体制（五五体制）が崩壊したのである。

細川は、氏も育ちもルックスも世界に誇れる貴公子であり、自慢できる総理が生まれたとして国民は期待に胸を膨らませた。しかし彼はわずか八カ月であっけなく政権を放りだしてしまった。理由は、内閣官房長官を務めたパートナーの武村正義が北朝鮮と親しいため、アメリカの逆鱗に触れたからだという。という理由はともかく、期待を裏切られた国民の失望は大きかった。罵倒されマスコミに叩かれてもしぶとく生き延びる厚顔の政治家とは大違いで、お坊ちゃまは堪え性がなく、やっぱりダメだねと呆れたものだった。

いま細川は、政界からはるか縁遠い陶芸師へと華麗な変身を遂げている。

日本新党結成
細川元熊本知事
5/26/92

総理もいろいろ　小泉純一郎（一九四二〜）

ライオンのたてがみ、一六九センチ、六十キロと細身の爽やかムードの前総理大臣。

二〇〇一年、米潜水艦に「えひめ丸」が沈められてもゴルフに興じていた森喜朗総理に替わり、「自民党をぶっ壊す」として登場した。従来のおじん臭い派閥政治に嫌気がさしていた政界に新風を吹き込み、高い支持率をもとに二〇〇七年初まで三期にわたって総理を務めた。

アメリカ追随、財政再建、民営化、構造改革、靖国参拝を信念に、歯切れのよい「ワンフレーズ」出演でアピールしてきた。はぐらかしの答弁も多かったが、マスコミも国民もこれを許してきた。不思議な政治家である。

彼の迷答を数えていたらきりがない。「この程度の約束を守らないのは、大したことではない」。「人生いろいろ、会社もいろいろ、社員もいろいろ」……

困ったことに、小泉・竹中の市場原理主義的な「骨太の方針」によって弱者は切り捨てられ、格差は広がり、国民は痩せ細りつつある。医療費は親の仇のように削減され、日本の医療は崩壊の危機に瀕している。どうか純ちゃん、一人の普通の庶民として、地方の多忙極まりない病院に一度入院してみて下さい。

予算の無駄をなくすこと
構造改革路線ひ子.
再選の
小泉首相
9/22/03

真紀子節　田中真紀子（一九四四〜）

角栄さんの娘、真紀子節で有名である。口角泡を飛ばし、激烈な発言でヒトをこき下ろす。マスコミも市民も、彼女の小気味よい毒舌に共感を憶え、やんやの拍手を送る。彼女にかかれば小渕恵三は「凡人」、梶山静六は「軍人」、小泉純一郎は「変人」と評される。

小泉さんから外務大臣を仰せつかった時、外務省内では顰蹙《ひんしゅく》ものであったようだ。指輪が紛失したといっては、イランのハラジ外相を待たせたまま秘書官に買いに行かせ、大切な会談に遅刻した。

「スカートが踏んづけられていたので、振り返ってみると、外務省を改革せよと言っている本人だった」と、小泉首相に毒ずいた。

角栄さんは甲状腺機能が亢進しているタイプなので、汗っかきで、扇子をいつも使っていた。市販のいかがわしい「やせ薬」にはエンジンを空焚きさせる甲状腺末が入っている物があるが、公民館での健康講座の際、民間薬の危険性について角栄さんや真紀子さんのオーバーヒートぶりを例に挙げるとよく理解して貰える。

真紀子さんは、女性に生まれて良かったと思っているだろうか、気になる所である。

田中真紀子 衆院議員
3/21/94

一村一品運動　**平松守彦**（一九二四〜）

「一村一品運動」で一躍有名になった前大分県知事。個性的な風貌は、それだけで説得力がありそうである。平松を超える対抗馬が出なかったせいか、あるいは平松の功績がずば抜けていたせいか、知事を六期二十四年も務めた。「継続は力なり」が信条であったとは、むべなるかな、である。

中央集権の日本には珍しい発想で、地方コミュニティに特色と生き甲斐を生みだした功績は大きいものがある。

わが家も大分県大山町（現・日田市）の直送農産物を、出店の「木の花ガルテン」で毎週のように求めているが、この町は「梅を作ってハワイに行こう」運動で大成功を収めている。塩と紫蘇だけで漬けた梅干しは、甘味料などの添加されたものよりはるかに旨い。これも一村一品運動である。

平松は一九九五年、フィリピンのラモン・マグサイサイ賞政府サービス部門の受賞者となった。アジアのノーベル賞ともいわれる名誉である。平松のグローバルな発想が力となり、二〇〇〇年、別府に立命館アジア太平洋大学が開校した。七十を超える国から二千人近い学生が学んでおり、国際貢献に大いに寄与している。

一村一品（大分）
平松知事
10/3/93

NOと言える日本

石原慎太郎（一九三二〜）

元気者の都知事さんである。二十四歳のとき「太陽の季節」で文壇に華々しくデビューした。以来、陽の当る道を歩いてきた。弟は早世した裕次郎である。

石原の発言は日本の政治家らしくない明快さと語り口で、多くの国民から喝采を浴びてきた。日本政府は、法律解釈を曲げてでもアメリカに歩調を合わせることを優先してきた。そんな日本政府を情けなく思っている国民には、石原の歯切れ良さが痛快に響くのである。

石原とソニーの盛田昭夫による『NOと言える日本』はミリオンセラーとなった。しかし一方で石原は数々の過激な意見を口にし、抗議を受けたりもしている。だが、蛙の面にションベンといった風情である。

なぜ彼は打たれ強いのだろうか。彼の著書『スパルタ教育論』によれば、子供は三人がよいという。なぜなら、一人っ子の長男は甚六でダメだし、二人の場合は長男と甘ちゃんの末っ子だから良くない。三人産むと、中の子が上下に挟まれて苦労し、根性者になるという理論である。では、長男に生まれた慎太郎は、自分だけは例外的に優れた長男だと思っているのだろうか。

東京都再生を語る
石原慎太郎
3/14/99

ナチの狂気

アドルフ・ヒトラー（一八八九〜一九四五）

私は小学校を卒業していない、というと孫たちは眼を丸くする。なぜなら、昭和十六年の入学から六年後の卒業まで国民学校だったからである。

一年生の時の十二月八日に真珠湾攻撃が始まった。日本は独伊と共に戦い、敗れた。東条英機、ヒトラー、ムッソリーニの名前は、子供心によく刻まれている。

ヒトラーの映像はしばしば眼にする。チャップリンは「独裁者」でナチを痛烈に批判する映画を作った。最後の場面の演説が最大の見せ場である。

ヒトラーは、人種には文化創造者、文化支持者、そして文化破壊者の別があり、絶滅すべき文化破壊者として六百万人ものユダヤ人を虐殺した。強制収容所では二千人近い人に対して非人道的な人体実験が行われた。戦後のニュルンベルク裁判をもとにニュルンベルク綱領が定められ、医療倫理の出発点となった。主旨は、医学実験では被験者は内容を熟知した上で自発的に同意するという自己決定権の確立である。

一九六四年、世界医師会はヘルシンキで同様の宣言を行い、今日の生命倫理へ続くことになった。

チョッとした脳の狂いから、世界の人類を激変させた男である。

9/25/'91

辣腕国務長官

ヘンリー・キッシンジャー（一九二三〜）

ニクソン、フォードの右腕として冷戦時代のアメリカ外交を取り仕切った辣腕国務長官。当時、テレビには時の大統領以上に登場しているようであった。

アメリカの恥辱ベトナム戦争の終結への努力が評価され、一九七三年、ノーベル平和賞を受賞した。放火犯が消火に貢献したとして消防署から表彰されたような、そんな違和感を憶えたのは私だけだろうか。

キッシンジャーはドイツ生まれのユダヤ人で、一家はナチスから遁れてアメリカに移住し帰化した。彼はハーバード大学でヨーロッパ外交史を学び、最優秀の成績で卒業した。財界や政界にユダヤ系の多いアメリカは、何かといえばイスラエルの肩を持つ。不公平感の強いパレスチナ紛争でも、アメリカは理不尽なイスラエルの報復や占領にあまり口出しをしない。イラン・イラクにプレッシャーをかけるというイスラエルの存在感を高めたいのである。

今なおブッシュ政権のご意見番として発言力を持っており、日本の外交関係者やマスコミも彼の重々しい一言一句を傾聴している。しかし、世界の保安官アメリカの権力を守るため、日中友好の進展をひどく警戒している男だと知っておかねばならない。

キッシンジャー氏 1990年の予測　1/13/'90

湾岸戦争

ブッシュ（一九二四〜）とフセイン（一九三七〜二〇〇六）

一九九〇年八月初、フセインは突如クウェートに侵攻した。西部劇さながら世界の保安官を自負するブッシュ大統領は第一次湾岸戦争を始めた。翌年八月、とりあえず戦争は終結したが、中東の紛争やテロ活動は終息することはなかった。

二〇〇一年九月十一日、ニューヨーク世界貿易センタービルはハイジャック機の体当たりで崩壊し、世界を震撼させた。

二十二歳若い息子ブッシュは、父親に似て戦争好きなのか、あるいは独りよがりの正義感からか、ビンラディンを首魁とするアルカイダに報復攻撃を誓った。アフガニスタンを手始めに、フセインが大量破壊兵器を隠しているとし、国連を無視して戦争を始めた。フセイン軍はあっけなく壊滅したが、その後の治安は改善するどころか、悪化の一途を辿って泥沼化し、ブッシュは引くに引けない状態に追い込まれている。

二〇〇六年末までの米軍の犠牲者数は、九・一一テロの二九七八人を超え、第二のベトナム戦争化している。

独裁者フセインは二〇〇三年暮れに捕らえられ、とうとう処刑された。

寛容を認めず、報復には報復をくりかえす国々に真の平和は来ないだろう。

1991.1.17.
湾岸危機
開戦
G.ブッシュ
vs.
S.フセイン

鉄の女　マーガレット・サッチャー（一九二五〜）

一九七九年、女性として初めての保守党党首、一九七九年英国首相になり、強硬な政策で「鉄の女」と呼ばれた。一九八二年のフォークランド紛争では、断固としてアルゼンチン軍と闘い、「人命に換えてでも領土を守る」のが国家の使命だと主張した。

蒋介石は日本軍に追われながらも、「中国四千年の歴史的文物は何物にもかえ難い」といって台湾に運んだ。一方、福田総理は連合赤軍の日航機ハイジャック事件で、「人命は地球より重い」として屈服し世界から非難を浴びた。大局的判断の是非が問われる所である。福田二世は安倍のあと何をしてくれるだろうか。

話は変わるが、日本の医療は、小泉改革以来、壊滅の危機に瀕している。医療費の切り下げが続き、勤務医の過労を黙認した。マスコミ・法曹界は鵜の目鷹の目で医師を非難している。サッチャーはインフレ抑制とともに医療費を圧迫した。その結果、医療の低迷を招き、救急患者でも一日待たねばならず、七十万人が三カ月以上の入院待ちになった。ブレア政権はこれを反省し、医療復活のために予算を大幅に注ぎ込んでいる。医療や保険を株式会社に売り渡そうとしている小泉・竹中など市場原理主義の連中は、特別待遇でなく庶民としての厳しい保険診療を受けてみてはどうか。

サッチャーさん
9/3/91

ヒューマニスト国連事務総長　コフィ・アナン（一九三八〜）

ガーナ共和国出身の第七代国連事務総長。二〇〇一年にノーベル平和賞を受賞。アメリカ、スイス等で経済学を学んだのち、世界保健機構（ＷＨＯ）の勤務を経て国連本部に移り、要職を歴任した。

一九九七年に事務総長に就任したが、国連職員から選出されたのはアナンさんが初めてである。彼の人柄と能力が加盟国に高く評価されたのであろう。

一九九七年、外務省勤務の私の次男は留学先のウイリアムズタウンで結婚式を挙げた。式典からの帰路、私達夫婦はニューヨーク、ワシントンＤＣに立ち寄った。ＮＹではメトロポリタン美術館を観賞したほか、テレビでお馴染の国旗が立ち並ぶ国連本部を見学した。会議が休みの日には、内部をツアー見学できるのである。国連総会の会場や安保理会場の丸テーブルの椅子に座り、各国代表が国益ばかり主張する情景に思いを馳せた。

アナンさんは事務総長として、分かり易い意見をいい、適切に振る舞った。彼の基本理念はヒューマニズムであり、グローバルな偏らない立場から紛争解決に努力する姿に敬虔な聖職者の雰囲気を感じたのは私だけではあるまい。

速かにアフガニスタンに平和を
国連コフィ・アナン事務総長
63歳
11/27/01

北の将軍様

金 正日（一九四一〜）

拉致、麻薬、偽ドル、飢餓、燃料不足、民衆の圧迫、脱北……

北朝鮮という国の城壁の奥に将軍様と崇められているキム・ジョンイルがいる。

北朝鮮テレビのスポークスマンの強圧的な口調、一斉に膝を伸ばして歩く軍隊行進、色彩豊かなチマチョゴリの女性達のマスゲーム。一糸乱れぬ人達を見て異様な恐ろしさを感じる。人民が一致協力していることの宣伝と思っているかも知れないが、自由国家からみると、国民を洗脳しロボット化している事をＰＲしているようなものだ。

正常ではなく異常である。では異常とは何か。自分の異常さが分からない、それが異常なのである。医学では、これを病識がないという。精神分裂病は統合失調症と呼び方が変わったが、病識がないのが一つの特徴である。

そういえば、二〇〇六年末、宇和島を舞台に病気腎移植が行われていた。また医療界の信用を失墜させてくれたのか！

「倫理委員会にかけたのですか？」という質問に対し、「初めから反対と分かっている倫理委員会なんかにはかけませんよ！」

スタートラインから狂っている人達と、どう話をすればよいのだろうか。

金正日
6/14/00

世界最強の女性

コンドリーザ・ライス（一九五四〜）

アメリカ第四十三代国務長官、国家安全保障担当大統領補佐官。愛称コンディ。テロ退治の世界の保安官、息子ブッシュ大統領は、パウエル長官の後任として信頼絶大のライスを指名した。

牧師の父と音楽教師の母という血筋に生まれた彼女は、早くから才能を開花させ、政治学博士号を取得。名門スタンフォード大学で順調に出世して教授となり、白人以外では同大初の事務局長に指名されている。

戦略学に優れ、父親ブッシュ政権ではソビエトや東欧の専門家として辣腕を振るった。二〇〇一年の息子ブッシュ政権でも、ライスは対外戦略の中心となり、周知のように武力行使をも辞さぬ強硬派である。そのライスを、世界有数の経済誌「フォーブス」は二〇〇五年版の世界最強の女性一位に選び、ゴールデン・ラズベリー賞財団は「華氏九一一」に出演したブッシュ大統領とライス長官を、最低スクリーン・カップル賞に選んだ。

しかし彼女は二〇〇二年のチャリティーコンサートでチェロのヨーヨー・マと共演したピアノの裏技を持っている。戦争でなく芸術で世界を喜ばせて下さい、ライスさん！

北朝鮮に核実験はさせない!!!
ライス国務長官
10/19/06

Ⅷ　放送・マスコミ

——芸術性を云々することはできないが、話術は大したわざの一つである。この五人は司会やキャスターを長年務めた周知の方々なので、特別枠に入れてみた。アナウンサーも、好意的に受け取られるか否かは、人間性とどれだけ地道に勉強しているかによるのではなかろうか。

最後の職人アナ　鈴木健二（一九二九〜）

力強いが気は優しいという印象のＮＨＫの元エースアナウンサー。退職後は熊本県立劇場館長、青森県文化アドバイザーなどを歴任した。

生粋の江戸っ子で、当初は画家を目指していたが、ＮＨＫに入社したときはべらんめえ口調で困ったという。一九六〇年代に入り、黒四ダムからの生中継や、東海道新幹線開通時の実況生中継などで頭角を現し、一九八〇年代の「クイズ面白ゼミナール」や「紅白歌合戦」の白組の名司会役で人気アナの地位が不動のものになった。

彼は台本を頼りにせず、独自の調査や取材を行って完全に消化した上で、初めてマイクに向かったという職人魂の持ち主で、最後の職人アナウンサーと呼ばれた。

一九八二年に書いた『気配りのすすめ』は四百万部を売るという大ベストセラーであったが、二〇〇四年には『新・気配りのすすめ』を書いている。

殺伐とした現代に、人が必要としていることは、人と人との心をつなぐほんのちょっとの気配りである。新たに書いたきっかけは、生まれて初めて電車の中で席を譲られた事で、感謝と同時に気配りをされた人の気持も考えなくてはいけない、という閃きが浮かんだのだと述べている。

鈴木健二
紅白
12/31/'84

NHKのお殿様　松平定知（一九四四〜）

天下のNHKの看板アナウンサー。早大商学部卒。

初任地の高知から東京に戻り、松平はニュース番組のほか、「連想ゲーム」、「紅白歌合戦」、「NHKスペシャル」、「ラジオ深夜便」など、多くの番組を担当し、実績を上げていった。

彼の、歯切れよく落ち着いた声音は心地よく耳に入って来る。特筆すべきは、言葉に微妙な強弱、緩急の変化をつけており、間《ま》を取るのが特別うまいことである。私も学生の講義や学会発表などで、聞き手に理解して貰えるような話し方に苦心していたが、松平や桂文珍さんのようには上手になれなかった。

「その時、歴史が動いた」は、歴史上の人物を目の前に再現し、時代の流れを巧みに掘り下げながら、劇的瞬間へと盛り上げてゆく迫真のドラマである。年表の解説みたいな歴史の授業を改め、このようなドラマで教えてくれれば、中高生たちは日本の歴史や日本人特有の優れた倫理観などをよく理解し祖国愛も深まるであろう。

松平は徳川家康の異父弟であった松平定勝の血筋であり、そのせいか、または性格からか、NHKでは「殿」と呼ばれている。家筋からも日本の歴史番組を担当するに相応しい人である。顔立ちの似ている磯村尚徳キャスターとはいとこ同士であるとか。

まずオウム関連ニュースから
申しらげます
杉平アナ
6/95

ニュースステーション　久米　宏（一九四四〜）

浦和に生まれ、早大経済学科を卒業後、東京放送（ＴＢＳ）のアナウンサーになった。一九八五年、日本テレビの大型ニュース番組「ニュースステーション」が始まり、十八年余にわたってメインキャスターを務めた。ニヤリとした表情で、歯切れよく飛び出てくるニュースは、はっきりした自己主張を交えており、多くの視聴者は、ＮＨＫとは全く違った主義主張に共鳴し、声なき庶民の代弁者として久米に拍手を送った。

久米はアンチ自民のようだが実はそうではなく、権力や与党に反抗する立場を取っていた。天の邪鬼の私は昔から反権力の考え方で、久米の意見や批判を聞くたびに、「そうだ、そうだ！」と頷くことが多かった。

勢い余って過激な失言をしても、ご愛嬌に受け取られたのは、彼の明るい雰囲気のお蔭であろう。プロ野球ではカープやホークスの贔屓であり、一九八九年には巨人ファンの徳光に、もしジャイアンツが優勝したら丸坊主になると宣言し、その通り実行したというエピソードがある。

「久米宏　ラジオなんですけど」は、二〇〇七年五月に放送批評懇談会のギャラクシー賞（ＤＪパーソナリティ部門）を受賞した。最近は白髪も増えたようだ。

久米
1/24/91

お喋りの達人

みのもんた

（一九四四～）

日本を代表するテレビ司会者。本名は御法川法男《みのりかわのりお》。

文化放送のアナウンサー時代、深夜放送で「オッペケペー」や「みのみのもんた、みのもんた」などの無意味な言葉を連発して人気者になった。

健康法をセンセーショナルに紹介していた「午後は〇〇おもいっきりテレビ」は抜群の人気番組だったが、視聴者が自分の体調に合わない食品を衝動的に買い求めて摂取するなどの問題点が指摘され「みのもんた症候群」という言葉が生まれた。

彼の番組は娯楽番組と割り切って聞き流す分にはよい。健康問題になびき易い人達が過剰な反応をするのは困った事である。彼は、自分で紹介するテーマについて、さほどの信念はなく、押し寄せるスポンサーの意向に添って喋り流す達人であろう。一週間に二十一時間四十二分もテレビ生番組に出た司会者として、二〇〇六年のギネスブックに認定されたという。

二〇〇五年大晦日、NHK恒例の紅白歌合戦の司会者に選ばれた。数々の不祥事件続きのNHKの指名に、「僕しかいないと思う」と自信たっぷりであった。翌春、脊椎管狭窄症の手術を受けたが、喋り疲れの休養になったことだろう。

紅白初司会
みのもんた
12/31/05

ミスＮＨＫ　道傳愛子（一九六五〜）

東京小石川出身のＮＨＫアナウンサー。

最初に道傳さんを見た時、丸顔で下がり目が特徴の優しい女性だとの印象であった。柔らかな語り口、それに英語がうまいのには驚いた。調べてみると、上智大学、コロンビア大学で本格的に英語を勉強し、ロンドンで六年間生活した経験もある。国連英検特Ａの資格を持っており、そのレベルは、コトバが分かるだけではなくて、いろんな国際情勢に関する問題意識をもち、自分の意見を表現できる力があるという。才能だけでなく、たゆまざる不断の努力が必要なのである。

彼女は一九八八年、ＮＨＫに入局し、「サンデースポーツスペシャル」のキャスターを務めた。一九九八年には、長野冬季オリンピック開会式の総合司会の大役を務めた。「希望」と「祈り」、そして五大陸の平和と歓喜の連帯の「提案」が長野五輪の心であった。翌年には「ニュース９」の担当となり、国民にますます近づいた。

ＮＨＫのアナウンサーは、少し名が売れると、すぐ民放にスカウトされる。読売巨人の手口に似ていて苦々しい。しかし彼女はＮＨＫから動かずに頑張っているので、ますます好ましく思っている。剣道二段の腕前も凄い。

道傳愛子 アナ
6/30/90

おわりに

本書のほとんどの人物はテレビに出たいわゆる有名人である。私には、ご本人と会う機会はないし、仮にそんな機会があったとしても、ご本人を前にして描く勇気や自信はない。ただ、夕食後の寛ぎにテレビを点けたとき、魅力ある人であればその人らしさを描きたかっただけである。

似顔絵は似ているかどうかが一番重要であろう。大切なポイントは、その人らしい一瞬を捉え得たかどうかである。

スチル写真を見て描けば楽なようだが、実はそうではない。動きの中から滲み出るその人らしさが、静止画像には欠けている場合が多い。つまり活き活きしていないのである。

テレビでは、カメラのアングルや距離が刻々変化するので困るが、素早くアウトラインをスケッチし、あとは勝手に想像で仕上げている。

一気に描くことができた時は大成功といってよい。顔が少し歪んでいても、その人らしい表情が表れている。うまく描けずに描いたり消したりしていると、しだいに似ては来るものの、その人らしい活力は描けないことが多い。

いつまで経っても上達はしないが、自己評価でまあ合格点と思う似顔絵をまとめてみた。勿論、人物の選択や出来栄えは玉石混淆である。また、絵だけでは面白くないので短い解説を付けてみた。私の個人的な思い入れなども加えたので客観性に乏しく、異論・反論もあるであろう。

何年も前に描いた絵は現在の人相とかなり異なっている場合もあり、中には鬼籍に入った方もあるが、昔はこんな人だったのかと懐しく見て戴ければ「テレビ人間万華鏡」の作者として嬉しいことである。

有吉朝美（ありよし　あさみ）

昭和 9 年（1934）年　福岡県生まれ

28 年（1928）年　福岡県立東筑高等学校・卒業

34 年（1959）年　九州大学医学部医学科・卒業

35 年（1960）年　九州大学医学部泌尿器科・助手

42 年（1967）年　国立小倉病院泌尿器科・医長

47 年（1972）年　福岡大学医学部泌尿器科・助教授

54 年（1979）年　米国 UCLA に 1 年間留学

62 年（1987）年　福岡大学医学部泌尿器科・教授

平成 8 年（1996）年　同上・主任教授

9 年（1997）年　福岡大学病院長を 4 年間務める。

15 年（2003）年　福岡大学を退職後、同大学・名誉教授

同　福西会川浪病院・名誉院長

18 年（2006）年　医療法人福西会・理事長

主要所属学会：日本泌尿器科学会、アメリカ泌尿器科学会、国際泌尿器科学会

現在の活動：医療法人福西会の理事長としての活動のほか、福岡大学医学部・メンタルケア協会・福岡柔道整復師協会の非常勤講師として、「医の心」、「医療倫理」などの講義を担当。公民館の健康講座では、「前立腺の疾患、尿失禁」、「ガンの原因と予防」、「健康食品との正しいつきあい方」、「メタボリックシンドロームについて」等の講義を担当している。

テレビ人間万華鏡

二〇〇八年三月三十日初版第一刷発行

著　者　有　吉　朝　美

発行者　福　元　満　治

発行所　石　風　社

福岡市中央区渡辺通二―三―二四

電話〇九二（七一四）四八三八

ファクス〇九二（七二五）三四四〇

印刷　正光印刷株式会社

製本　篠原製本株式会社